Nina Dih
2003

W0388311

marie claire

Food Fast

© Text, Design, Fotografie, Illustration – Murdoch Books®
Alle Rechte vorbehalten

Kein Teil dieses Werkes darf ohne vorherige schriftliche Einwilligung von Murdoch Books® in irgendeiner Form (elektronisch, mechanisch, durch Fotokopie oder ein anderes Verfahren) reproduziert, gespeichert oder übertragen werden.

Murdoch Books® ist eine eingetragene Marke von Murdoch Magazines Pty Ltd.

© der deutschsprachigen Ausgabe:
KOMET Verlag GmbH, Köln

Übersetzung: Dr. Michael Schmidt

Gesamtherstellung: KOMET Verlag GmbH, Köln

ISBN 3-89836-204-3

marie claire

Food Fast

Donna Hay

Fotografiert von
Petrina Tinslay

KOMET

hot Chocolate
ice-cream

Inhalt

Einführung

Freizeit ist rar und damit kostbar geworden – machen Sie das Beste daraus!

marie claire Schnelle Küche enthält stilvolle und innovative Menüvorschläge für stressgeplagte Menschen – für eine schnelle Solomahlzeit auf der Couch oder für ein zwangloses Beisammensein mit Freunden. Hier finden Sie für familiäre wie für formelle Anlässe Ideen mit Pfiff – vom Frühstück bis zum Abendessen (und danach).

Klassiker der schnellen Küche wie Teigwaren kommen im modernen Gewand daher, begleitet von schlichten, aber genussvollen Geschmackskombinationen und mit minimalem Aufwand zubereitet. Wir geben Ihnen Tipps, wie Sie Ihre Speisekammer richtig bevorraten und einfache Kochtechniken für Minutengerichte ohne große Umstände nutzen können.

Diese Sammlung einfacher, neuartiger Rezepte wird durch ein umfassendes Kapitel mit Grundrezepten und -techniken sowie durch ein Kapitel mit rasch zubereiteten Happen und Beilagen für eine Fülle frischer und köstlicher Varianten Ihres Speiseplans ergänzt. Weitere Informationen über Zutaten und Kochbegriffe (mit einem Sternchen* markiert) finden Sie im Glossar.

In der Küche

Einkauf

Sie erleichtern sich das Einkaufen mit einer Liste. Teilen Sie sich Ihre Einkäufe ein – so erledigen Sie sie rascher und rationeller.

Grundvorräte einkaufen

Notieren Sie auf Ihrer Liste, was Sie unbedingt brauchen. Inspizieren Sie Ihre Speisekammer oder überlegen Sie, was Sie in den letzten Tagen gekocht haben, damit Sie Ihre Grundvorräte wie Reis, Teigwaren und Mehl wieder auffüllen können. Kaufen Sie Fleisch und Geflügel bis zu drei Tage im Voraus ein, solange Sie es richtig lagern. Auch frisches Gemüse kann drei Tage im Voraus gekauft werden. (Siehe Lagerung, Seite 12.)

Schneller Einkauf

Kaufen Sie doch mal einige Dinge übers Internet ein. Manche Supermarktketten haben eine eigene Website, auf der Sie alle Produkte auswählen, per Kreditkarte bezahlen und sich ins Haus liefern lassen können. Falls Sie den ganzen Tag arbeiten und schnell auf dem Heimweg einkaufen müssen: Geben Sie Ihre Bestellung bei Ihrem Metzger, Obst- und Gemüsehändler, Fischhändler usw. telefonisch oder per Fax auf und holen Sie die bestellten Sachen im Vorbeifahren einfach ab.

Spezialeinkäufe

Ich gehe gern in internationale Feinkostgeschäfte, wo ich die beste Auswahl an Spezialitäten vorfinde. Alle 2–3 Monate ergänze ich meine Vorräte an asiatischen Gerichten, italienischen Delikatessen und Pastaerzeugnissen, mediterranen Gewürzen, Brotsorten und Konserven und allen anderen großartigen Zutaten, die die Welt bietet.

Frische Produkte

Kaufen Sie unbedingt die frischeste und beste Qualität ein. Wie Sie sie erhalten, das verraten Ihnen die folgenden Tipps.

Wenn Sie Fleisch einkaufen, sollte die Schnittfläche, etwa bei Steaks, feucht und dunkelrot sein. Das Fett sollte entweder zartweiß oder zartgelb sein, wie dies gewöhnlich bei mit Körnern gefütterten Rindern der Fall ist. Außerdem sollte das Fett geschmeidig und feucht sein.

Huhn sollte rundlich und fest aussehen, nicht matt und platt. Die Haut sollte feucht sein und farblich zwischen weiß und gelb (bei mit Körnern gefütterten Hühnern) liegen. Wenn Sie Hühnerteile einkaufen, achten Sie darauf, dass sie feucht sind, aber nicht in Wasser oder sonst einer Flüssigkeit schwimmen. Das Fleisch sollte einen rosigen Farbton haben – er verfärbt sich grünlich, wenn das Huhn verdorben ist.

Ob Meeresfrüchte frisch sind, lässt sich beim Kauf leicht feststellen. Alle Meeresfrüchte sollten angenehm nach Meer riechen. Ganze Fische sollten ein klares und kein trübes Auge haben. Austern sollten in einem kalten Kühlschrank oder unter Eis liegen. Die Auster sollte rundlich und feucht aussehen. Krabben und Schalentiere sollten generell um die Beine nicht verfärbt sein und eine feste, intakte Schale haben. Kaufen Sie keine Meeresfrüchte, die in Wasser oder geschmolzenem Eis liegen – sie haben ihren Geschmack und ihre Struktur verloren.

Käse kaufen Sie am besten in einem speziellen Käsegeschäft, wo man besser über den Käse, seine Reife und seinen Geschmack Bescheid weiß. Beim Einkauf von Käse sollten Sie wissen, wann sie ihn servieren und essen werden. Kaufen Sie einen weichen, reifen Brie fürs Abendessen, während ein Brie mit einem dünnen, weißen Kern erst nach 4–6 Tagen schmeckt.

700G
Tipiak

Vorratshaltung

Wenn Ihre Speisekammer, Ihr Kühl- und Gefrierschrank gut gefüllt sind, lässt sich ein schnelles und frisches Gericht kinderleicht zubereiten.

Speisekammer

Achten Sie darauf, dass Ihre Speisekammer kühl, dunkel, gut belüftet und nicht muffig oder feucht ist. Wenn Ordnung auf den Regalen herrscht, können Sie leicht feststellen, mit welchen Zutaten Sie schnell mit dem Kochen beginnen können. Eine gute Idee ist es, Zutaten in Gruppen zu ordnen, etwa asiatische Saucen, Reissorten, Teigwaren, Kräuter und Gewürze, da Sie dann diese Zutaten rasch finden und Ihre Einkaufsliste leichter zusammenstellen können.

In der Speisekammer lagern Sie am besten alle Dinge, die Sie für ein Schnellgericht brauchen oder um unvorhergesehen hereinschauenden Freunden etwas zu trinken und einen Happen zu essen anzubieten. Zur Begrüßung servieren Sie am besten Cornichons und Cracker mit Käse und Pastete.

Gefrierprodukte

Gefrierprodukte sollten nach dem Einkauf so schnell wie möglich wieder in den Gefrierschrank wandern. Beim Einfrieren von Lebensmitteln wie Brühen oder selbst gemachtem Eis sollten Sie sie gut zugedeckt in den kältesten Teil des Gefrierschranks stellen, wo sie am besten frei genug stehen, damit die kalte Luft sie rasch und gleichmäßig einfriert. Lebensmittel sollten dicht verpackt sein. So gelangt keine Luft an sie und ein Gefrierbrand, der sie austrocknet und sehr hart macht, wird vermieden. Wenn Sie Essen ganz schnell kühlen oder einfrieren wollen, verwenden Sie Metallbehälter und -deckel.

Leicht Verderbliches

Fleisch und Huhn halten sich im Kühlschrank bis zu drei Tage, wenn sie aus der Plastiktüte genommen und auf einen Teller gelegt werden. Bedecken Sie sie mit Alufolie oder lose mit Plastikfolie. Bewahren Sie sie im kältesten Teil des Kühlschranks (meist hinten) auf, nicht in der Nähe des Ventilators, damit sie nicht austrocknen. Fisch wird am besten am Tag der Verwendung gekauft, da frischer Fisch am besten schmeckt. Geben Sie ausgenommenen und abgeschuppten Fisch in einen luftdichten Behälter.

Ich kaufe mein Gemüse am liebsten alle zwei oder höchstens alle drei Tage frisch. Blattgemüse lagern Sie, in feuchte Geschirrtücher eingewickelt, im Gemüsefach oder in den unteren Fächern des Kühlschranks. Pilze sollten immer in Papiertüten aufbewahrt werden, damit sie atmen können. Kartoffeln sollten an einem kühlen, dunklen Platz aufbewahrt werden, etwa auf dem Boden einer gut belüfteten Speisekammer. Kräutersträußchen halten sich länger, wenn Sie die Stängel unten abschneiden und sie in einen Krug mit Wasser stellen. Bedecken Sie sie mit einem feuchten Geschirrtuch.

Käse und geräuchertes oder gepökeltes Fleisch sind oft in Plastik verpackt. Eine luftdichte Verpackung muss nicht entfernt werden. Käse wird am besten in einem Baumwolltuch oder -säckchen aufbewahrt, damit er nicht schwitzt. Gepökeltes oder geräuchertes Fleisch wie Schinken sollte im Wachspapier, in dem Sie es gekauft haben, oder lose in Plastikfolie eingewickelt gelagert werden.

Molkereiprodukte wie Milch sollten in den Kühlschrankfächern und nicht in der Tür aufbewahrt werden. Weil die Tür oft geöffnet wird, ist dies der wärmste Teil des Kühlschranks, der auch die größten Temperaturschwankungen aufweist. Meiner Milch scheint das nichts auszumachen, sie passt gut in die Tür, als ob sie dort hingehört, aber mein Kühlschrank hat – wie die meisten modernen Kühlschränke – auch einen guten Ventilator, der die kalte Luft umwälzt.

Vorbereitungen

Eine gut organisierte Vorbereitung ist das halbe Küchenleben. So reduzieren Sie die Kochzeit und den Stress, wenn die Zeit knapp ist.

Grundzutaten fürs Kochen

Füllen Sie Ihre Speisekammer mit Grund- und Halbfertigprodukten, um Zeit für die Zubereitung zu sparen und schneller zu kochen. Zum Beispiel Mehl: einfaches Mehl und Reismehl. Zucker: in Varianten von grobem weißem, raffiniertem und braunem Zucker bis zu Rohr- und Palmzucker. Reis: Arborioreis für Risotto, Klebereis, Lang- und Kurzkornreis. Eine Auswahl an Teigwaren in verschiedener Dicke und unterschiedlichen Formen für verschiedene Saucen. Wichtige Vorräte sind auch Couscous, kochfertige Polenta und Linsen. Oliven-, Sesam-, Pflanzen- und Chiliöl sind ein Muss. Griffbereit sollten auch einige Essigsorten wie Weiß- und Rotweinessig, Aceto balsamico und Apfelweinessig sein. Ein guter Wein vermittelt dem Essen ein besseres Aroma, halten Sie also je eine Flasche Rot-, Weiß- und Dessertwein bereit.

Zu den wichtigen Fertigprodukten zählen gutes Tomatenketchup, Currysauce, italienische Dosentomaten, Thunfisch in Öl, Bohnen in der Dose, eingelegte Sardellen, marinierte Oliven, Kapern und flüssige Brühe.

Bewahren Sie im Kühlschrank ein paar Käsesorten auf: Parmesan, Cheddar und vielleicht noch einen Blauschimmel oder Ricotta sowie Molkereiprodukte wie Milch, Joghurt, Butter und Sahne. Viele Würzen und Saucen müssen nach dem Öffnen in den Kühlschrank gestellt werden: Senf, Meerrettich, Chutneys, Chilisauce, Miso- und Wasabipaste sowie Austern-, Soja-, Hoisin-, milde Chili- und Fischsauce.

Vorarbeiten

Nach dem Einkauf und vor dem Lagern befreien Sie Steaks von allen Fetträndern oder Sehnen, parieren Sie Hühnerfleisch und säubern Sie Meeresfrüchte, indem Sie sie spülen und trockentupfen. Schälen und hacken Sie Gemüse und Grüngemüse, decken Sie sie gut zu und geben Sie sie bis zur Verwendung in den Kühlschrank. Um Salatblätter vor dem Servieren aufzufrischen, legen Sie sie mit ein paar Eiswürfeln in eine Schüssel mit kaltem Wasser.

Reiben Sie Ingwer, hacken Sie Chillischoten und Knoblauchzehen oder schneiden Sie Zwiebeln und bewahren Sie sie im Kühlschrank in getrennten kleinen Schalen, die fest mit Plastikfolie zugedeckt sind, auf. Frieren Sie Zitronen- oder Limonensaft in Eiswürfelbehältern ein, um später Zeit und Mühe zu sparen.

Lebensmittel lassen sich im Voraus marinieren, solange Sie Fleisch, Huhn oder Fisch in Säure, wie Essig oder Zitronensaft, nicht länger als 2–3 Stunden einlegen. Die Säure zerstört die Struktur des Fleischs.

Nehmen Sie Lebensmittel wie Käse und Schokolade aus dem Kühlschrank, damit sie genug Zeit haben, um wieder Zimmertemperatur anzunehmen und bis zum Servieren ihr volles Aroma zu entwickeln.

Gutes Timing

Einige Gerichte müssen unbedingt erst kurz vor dem Servieren zubereitet werden. So kommen Fleisch, Huhn oder Meeresfrüchte heiß auf den Tisch, denn Aufwärmen trocknet sie aus und macht sie unansehnlich.

Hacken Sie Kräuter wie Petersilie, Kerbel, Minze und Basilikum so, dass sie ein frisches, volles Aroma haben und nicht die Farbe verlieren. Geben Sie das Dressing immer erst zum Schluss über einen Salat, da die Blätter oft matschig werden, wenn sie längere Zeit darin liegen.

Schnelle Küche

Minuten (circa)

Panini

Couscous

Nudeln

Teigtaschen

Eiröllchen

Pasta

Gratins

Gedünstetes Gemüse

Zitronengrasbrühe

Sashimi

Eiröllchen

Pasta mit frischer Tomaten- und Rucolasauce

Muscheln in Ingwerbrühe

Eiröllchen

2 Tl Sesamöl, 4 Frühlingszwiebeln, gehackt
4 Eier
Füllungen: Räucherlachs, geräucherte Hühnerbrust, Rucola (Rauke), Blattspinat, gehackte Tomate
Dicke süße Sojasauce zum Servieren

Das Sesamöl in einer großen beschichteten Pfanne bei mittlerer Hitze erwärmen. Die Zwiebeln darin 2 Minuten lang dünsten. Die Hälfte herausnehmen und beiseite stellen.
Die Eier leicht schlagen. Die Hälfte in die Pfanne geben und die Pfanne schwenken, so dass der Boden bedeckt ist. Etwa 2–3 Minuten braten, bis das Ei fast gestockt ist. Aus der Pfanne gleiten lassen und die Füllung Ihrer Wahl auf eine Seite des Omeletts geben. Zusammenrollen und mit Sojasauce servieren. Mit den restlichen Zutaten wiederholen. Für 2 Personen.

Pro Portion ca. 270 kcal/1129 kJ
17 g E · 19 g F · 4 g KH

Sashimi auf Nudelsalat

250 g Glasnudeln*
⅓ Tasse eingelegter Ingwer
2 Tassen kleine Brunnenkressestängel
3 El grob gehackte Korianderblätter
3 El Sojasauce
2 El Sesamsamen
Thunfischsashimi* für 4 Personen
Sojasauce und Wasabi* zum Servieren

Für den Nudelsalat die Glasnudeln 2 Minuten in kochendem Wasser ziehen lassen; abgießen.
Die Nudeln mit Ingwer, Brunnenkresse, Koriander, Sojasauce und Sesamsamen vermischen.
Den Nudelsalat auf Teller geben und mit Scheibchen von Thunfischsashimi garnieren. Mit Sojasauce und Wasabi servieren. Für 4 Personen.

Pro Portion ca. 544 kcal/2280 kJ
34 g E · 21 g F · 49 g KH

Pasta mit frischer Tomaten- und Rucolasauce

400 g frische Pasta*
5 sehr reife Eier- oder Herztomaten*, fein gehackt
2 Tl eingelegte Kapern, abgespült
¼ rote Zwiebel, fein gehackt
2 El Olivenöl
3 Tl gehacktes Basilikum
2 Tassen grob gehackter Rucola (Rauke)
200 g frischer Ricotta
Frisch gemahlener schwarzer Pfeffer

Die Pasta in einen Topf mit kochendem Wasser geben, 4–5 Minuten kochen (al dente) und abgießen.
Tomaten, Kapern, Zwiebel, Öl, Basilikum, Rucola, Ricotta und Pfeffer verrühren. Mit der heißen Pasta mischen und Parmesankäse darüber geben. Für 4 Personen.

Pro Portion ca. 629 kcal/2636 kJ
17 g E · 26 g F · 79 g KH

Muscheln in Ingwerbrühe

3 Tassen Fischbrühe
2 El gehackter Ingwer, 2 Stängel Zitronengras, fein gehackt
2 Tl gehackte Zitronenschale
1 kg Muscheln, gesäubert

Die Brühe mit Ingwer, Zitronengras und Zitronenschale in einem Topf bei starker Hitze zum Kochen bringen. Dann die Muscheln hinzugeben und 2–3 Minuten kochen, bis sich die Muscheln geöffnet haben. Alle geschlossenen Muscheln entfernen. Die Muscheln in tiefen Schalen mit der Brühe und etwas Brot servieren. Für 4 Personen.

Pro Portion ca. 151 kcal/634 kJ
25 g E · 3 g F · 1 g KH

Lammkoteletts mit Chilinudeln

8–12 Lammkoteletts
Öl
Frisch gemahlener schwarzer Pfeffer
Chilinudeln:
1 El Sesamöl
1 El Chiliöl*
3 rote Chilis, ohne Samen und gehackt
2 El gehackter Ingwer
2 Knoblauchzehen, in feine Scheibchen geschnitten
3 El Basilikum oder Thaibasilikumblätter*
500 g frische Reisnudeln, unter heißem Wasser abgespült
Sojasauce zum Servieren

Die Koteletts mit Öl bepinseln und mit Pfeffer bestreuen. Auf beiden Seiten je 1–2 Minuten unter einem vorgeheizten Grill oder in einer heißen Bratpfanne braten. Währenddessen Sesam- und Chiliöl in einem Wok oder einer Bratpfanne bei starker Hitze erwärmen. Chilis, Ingwer, Knoblauch und Basilikum darin 1 Minute köcheln. Die Nudeln hinzufügen und 3–4 Minuten ziehen lassen. Mit den Lammkoteletts und Schälchen mit Sojasauce servieren. Für 4 Personen.

Pro Portion ca. 1407 kcal/5893 kJ
44 g E · 90 g F · 101 KH

Sashimi auf Nudelsalat

Lammkoteletts mit Chilinudeln

Pasta mit Räucherlachs und Dillsauce

Spargel mit Tofu und Balsamicobutter

Tintenfisch mit grünem Chili und Kaffir-Limonenblättern

Pasta mit Räucherlachs und Dillsauce

500 g frische Fettucine oder Linguini*
4 El Olivenöl
2 El Zitronensaft
1 El eingelegte Kapern, abgespült
1 El Dijonsenf
½ rote Zwiebel, in dünne Scheiben geschnitten
8–10 Scheiben Räucherlachs
2 El gehackter Dill
2 El gehackte glatte Petersilie

Die Pasta in einem großen Topf mit kochendem Wasser in etwa 5 Minuten al dente kochen. Inzwischen Öl, Zitronensaft, Kapern, Senf und Zwiebel in einer kleinen Kasserolle bei mittlerer Hitze 2 Minuten köcheln lassen. Die Pasta abgießen und in eine große Servierschüssel geben. Mit der Öl-Zitronen-Mischung, mit Lachs, Dill und Petersilie vermischen. Mit viel frisch gemahlenem schwarzem Pfeffer auf einem Bett aus Spinatblättern servieren. Für 4 Personen.

Pro Portion ca. 635 kcal/2662 kJ
31 g E · 16 g F · 93 g KH

Spargel mit Tofu und Balsamicobutter

1 El Öl
2 Knoblauchzehen, in Scheibchen geschnitten
60 g Butter
3 El Balsamessig
3 El Wasser
1 Bündel grüner Spargel, geputzt und halbiert
Frisch gemahlener schwarzer Pfeffer
4 dicke Scheiben festen glatten Tofu
1 El Thymian

Das Öl in einer Pfanne bei mittlerer Hitze erwärmen. Den Knoblauch 1 Minute darin dünsten. Butter, Balsamessig und Wasser hinzufügen und eine weitere Minute köcheln lassen.
Den Spargel mit dem Pfeffer in die Pfanne geben und 4 Minuten dünsten, bis er zart ist. Den Spargel auf Tellern anrichten. Tofu und Thymian in die Pfanne geben und 30 Sekunden auf jeder Seite bei mittlerer Hitze braten. Den Tofu auf dem Spargel platzieren und mit der Balsamicobutter servieren. Für 2 Personen.

Pro Portion ca. 445 kcal/1863 kJ
18 g E · 37 g F · 9 g KH

Tintenfisch mit grünem Chili und Kaffir-Limonenblättern

12 Babytintenfische, gesäubert und halbiert
1 grüne Chili, ohne Samen, gehackt
4 Kaffir-Limonenblätter*, fein gehackt
2 El Olivenöl
Frisch gemahlener schwarzer Pfeffer und Meersalz
Salatblätter, Limone und Avocado als Beilage

Die Tintenfische in einer Schüssel mit Chili, Limonenblättern, Olivenöl, Pfeffer und Salz vermischen. Einen Grill vorheizen. Einige Stücke Tintenfisch auf oder unter dem heißen Grill 10 Sekunden auf jeder Seite grillen. Mit Salatblättern, Limonenschnitzen und Avocado servieren. Für 4 Personen.
Tipp: Lassen Sie die Tintenfische gleich vom Händler säubern.

Pro Portion ca. 236 kcal/989 kJ
36 g E · 7 g F · 1 g KH

Lamm mit Quittenglasur

600 g Lammfilet oder -rücken
1 El Öl
3 El Quittenpaste*
⅔ Tasse trockener Weißwein
Frisch gemahlener schwarzer Pfeffer

Das Fleisch von Fett und Sehnen befreien. Das Öl in einer Pfanne stark erhitzen. Das Lammfleisch darin auf beiden Seiten 1–2 Minuten scharf anbraten. Aus der Pfanne nehmen und auf einem Teller warm halten. Quittenpaste, Wein und Pfeffer in die Pfanne geben und bei reduzierter Hitze 2 Minuten köcheln lassen, bis die Masse leicht eingedickt ist. Das Lammfleisch darin eine weitere Minute pro Seite dünsten.
Das Fleisch in große Stücke schneiden und mit der Quittenglasur auf gedünstetem grünem Spargel oder mit Salatblättern und Eckchen von nussigem, weichem Blauschimmelkäse servieren. Für 4 Personen.
Tipp: Zu diesem Lammgericht passt vorzüglich der Rucolasalat (Rauke) mit warmem Walnussdressing und Oliven (siehe Seite 134).

Pro Portion ca. 413 kcal/1732 kJ
27 g E · 30 g F · 1 g KH

Lamm mit Quittenglasur

10 Minuten (circa)

Weißer Fisch mit brauner Pinienkernbutter

Pasta mit Hühnerbrust und Basilikum

Knackiger Auberginensalat

Weißer Fisch mit brauner Pinienkernbutter

100 g Butter
2 El Zitronensaft
3 El Pinienkerne, grob gehackt
4 feste weiße Fischfilets, etwa Lotte, Schwertfisch usw.
Gedünstete Bohnen und Zitronenschnitze als Beilage

Die Butter in einer großen Pfanne bei mittlerer Hitze zerlassen, bis sie hellbraun wird. Zitronensaft und Pinienkerne zugeben und 1 Minute köcheln lassen.
Die Fischfilets hinzufügen und 2 Minuten auf jeder Seite braten. Auf gedünsteten Bohnen servieren, mit der braunen Pinienkernbutter beträufeln und mit Zitronenschnitzen garnieren. Für 2 Personen.
Tipp: Vorzüglich passt dazu Eisbergsalat (Seite 134).

Pro Portion ca. 1091 kcal/4568 kJ
82 g E · 79 g F · 2 g KH

Knackiger Auberginensalat

1 Aubergine, in dünne Scheiben geschnitten
Olivenöl
1 römischer Salat
150 g Feta in Öl, zerbröckelt
2 El Basilikumblätter, zerzupft
Gestoßener schwarzer Pfeffer

Die Auberginenscheiben gut mit Öl einpinseln. In einer Pfanne bei mittlerer Hitze 2–3 Minuten auf jeder Seite braten, bis sie goldbraun und knusprig sind.
Teller mit Salatblättern auslegen und Auberginenscheiben, Feta, Basilikum und Pfeffer darauf geben. Mit dem Fetaöl besprenkeln und servieren. Für 2 Personen.
Tipp: Sie können auch einige dünne Schinkenscheiben knusprig grillen und zu diesem Salat servieren.

Pro Portion ca. 344 kcal/1443 kJ
17 g E · 27 g F · 6 g KH

Pasta mit Hühnerbrust und Basilikum

450 g frische Pasta*
1 El Olivenöl
3 Hühnerbrustfilets, halbiert
125 g Feta, gehackt
Frisch gemahlener schwarzer Pfeffer
½ Tasse Basilikumblätter

Die Pasta in einem Topf mit kochendem Wasser in 4–5 Minuten al dente kochen.
Inzwischen das Öl in einer großen Pfanne bei mittlerer Hitze erwärmen. Das Huhn auf jeder Seite 2–3 Minuten anbraten. Anschließend herausnehmen, etwas abkühlen lassen und in feine Scheibchen schneiden.
Die Pasta abgießen und mit Huhn, Feta und Pfeffer vermischen. Mit Basilikum bestreuen und servieren.
Für 4 Personen.

Pro Portion ca. 609 kcal/2552
36 g E · 15 g F · 82 g KH

Pasta mit Jakobsmuscheln und Zitronenbutter

220 g frische Pasta*
60 g Butter
1 El Öl
2 Tl gehackte Zitronenschale
Frisch gemahlener schwarzer Pfeffer
10 Jakobsmuscheln
1 Tasse Kerbelblätter

Die Pasta in einem Topf mit kochendem Wasser in 4–5 Minuten al dente kochen.
Inzwischen Butter und Öl in einer Pfanne bei mittlerer Hitze zerlassen. Zitronenschale und Pfeffer hinzufügen und 1 Minute köcheln lassen. Die Muscheln dazugeben und 20–30 Sekunden auf jeder Seite braten.
Die Pasta abgießen und mit dem Kerbel vermischen. Mit den Muscheln und der Zitronenbuttersauce servieren.
Für 2 Personen.
Tipp: Für dieses Rezept eignen sich an Stelle der Muscheln auch hervorragend Garnelen oder Fischwürfel, z.B. Lachs.

Pro Portion ca. 837 kcal/3505 kJ
53 g E · 32 g F · 81 g KH

Pasta mit Jakobsmuscheln und Zitronenbutter

Couscous-Salat mit Rucola und Parmesan

1 Tasse Couscous
2 Tassen kochend heiße Hühner- oder Gemüsebrühe
2 El Butter
¼ Tasse geriebener Parmesankäse
Frisch gemahlener schwarzer Pfeffer
200 g Rucolablätter (Rauke), geputzt
4 Tomaten, in Scheiben geschnitten
3 El Balsamessig

Den Couscous in eine Schüssel geben und die kochende Brühe darüber gießen. Die Butter in Flöckchen darauf verteilen, mit Frischhaltefolie zudecken und etwa 4 Minuten stehen lassen, bis die Brühe aufgesogen ist. Den Couscous mit einer Gabel umrühren und dann mit dem Parmesan und viel schwarzem Pfeffer vermischen.
Mit Rucola und Tomaten auf Tellern anrichten und den Balsamessig darüber träufeln. Für 4 Personen.

Pro Portion ca. 282 kcal/1183 kJ
10 g E · 9 g F · 38 g KH

Mit Balsamessig glasierte Steaks

2 El Olivenöl
3 El Balsamessig
Frisch gemahlener schwarzer Pfeffer
2 Filetsteaks, 2–3cm dick
Salatblätter, klein geschnittene rote Zwiebeln und Tomaten als Garnitur

Olivenöl, Balsamessig und Pfeffer in einer flachen Schale mischen. Die Steaks darin von jeder Seite 2 Minuten marinieren.
Inzwischen eine Grillpfanne erhitzen oder einen Grill auf große Hitze vorheizen. Salatblätter, Zwiebeln und Tomaten auf Tellern anrichten.
Die Steaks auf jeder Seite 1 Minute oder länger grillen. Dabei mit Marinade einpinseln. Die Steaks auf die Salatblätter geben und servieren. Für 2 Personen.
Tipp: Die Steaks nicht zu lange in der Marinade lassen, da die Säure die Struktur des Fleischs verändert.

Pro Portion ca. 336 kcal/1407 kJ
42 g E · 18 g F · 1 g KH

Chilisteaktaschen

500 g Rumpsteak
1–2 El asiatische Chilipaste
8 Tortillas*, erwärmt
¾ Tasse fertige Hommuspaste*
8 Salatblätter
2 Tomaten, gehackt
½ rote Zwiebel, gehackt
Chilisauce

Das Fleisch von Fett und Sehnen befreien und mit der Chilipaste einreiben. Auf oder unter einem vorgeheizten Grill auf jeder Seite 1–2 Minuten grillen.
Inzwischen die erwärmten Tortillas mit Hommus bestreichen und mit Salatblättern, Tomaten und Zwiebeln belegen. Das Steak in dünne Scheiben schneiden, auf den Salat legen und mit Chilisauce beträufeln. Ein Ende der Tortilla über die Füllung schlagen und dann die Seiten darüber falten.
Für 4 Personen.
Tipp: Die Tortillas in der Mikrowelle oder zugedeckt im vorgeheizten Backofen erwärmen.

Pro Portion ca. 451 kcal/1888 kJ
35 g E · 8 g F · 57 g KH

Misosuppe mit Huhn und Nudeln

4 El weiße Misopaste*
2 Tl Fischsauce*
2 El Sojasauce
6 Tassen heißes Wasser
2 Hühnerbrustfilets, in Scheibchen geschnitten
100 g Frühlingszwiebeln
200 g frische Hokkien-Nudeln*

Misopaste, Fischsauce, Sojasauce und Wasser in einem Topf bei starker Hitze zum Kochen bringen. Die Hitze reduzieren, die Hühnchenscheiben hinzufügen und 1 Minute köcheln lassen. Frühlingszwiebeln und Nudeln dazugeben und weitere 2 Minuten ziehen lassen, bis die Nudeln weich sind. Die Suppe in Schalen servieren. Für 4 Personen.

Pro Portion ca. 261 kcal/1093 kJ
15 g E · 2 g F · 37 g KH

Couscous-Salat mit Rucola und Parmesan

Chilisteaktaschen

Mit Balsamessig glasierte Steaks

Misosuppe mit Huhn und Nudeln

Knusprige Garnelen mit Eisbergsalat

Schweinefilet mit Hoisinsauce in Pfannkuchen

In Salbei-Olivenöl gebratener Schwertfisch

Knusprige Garnelen mit Eisbergsalat

12–14 mittelgroße graue (rohe) Garnelen
1 Tasse Öl zum Frittieren
1 Tasse Reismehl
1 El gemahlener Kreuzkümmel
2 Tl Chilipulver
Frisch gemahlener schwarzer Pfeffer und Meersalz
Gehackte Chilis und Meersalz zum Garnieren
Eisbergsalat:
1 Eisbergsalatherz
3 El Olivenöl
2 El Zitronensaft
2 Tl Dijonsenf
Frisch gemahlener schwarzer Pfeffer

Die Garnelen mit kaltem Wasser abspülen und abtropfen lassen. Öl zum Frittieren in einer Bratpfanne erhitzen. Die Garnelen in einer Mischung aus Reismehl, Kreuzkümmel, Chilipulver, Pfeffer und Meersalz wälzen; überschüssige Mehlmischung abschütteln. Die Garnelen portionsweise im heißen Öl knusprig ausbacken. Auf Küchenkrepp abtropfen lassen.
Das Salatherz teilen und jede Hälfte auf einen Teller legen. Öl, Zitronensaft, Senf und Pfeffer mischen und über den Salat geben. Die Garnelen darauf anrichten und mit gehackten Chillies und Meersalz bestreuen. Für 2 Personen.

Pro Portion ca. 794 kcal/ 3325 kJ
45 g E · 29 g F · 80 g KH

Schweinefilet mit Hoisinsauce in Pfannkuchen

2 Tl Sesamöl
600 g Schweinsfilet
Eingefrorene, fertige Pfannkuchen mit grünen Zwiebeln (siehe Tipp)
6 Frühlingszwiebeln, in Streifen geschnitten
Hoisinsauce*

Das Öl in einer Bratpfanne bei mittlerer Hitze erwärmen. Das Fleisch darin auf allen Seiten 3 Minuten anbraten. Inzwischen die Zwiebelpfannkuchen laut Packungsanweisung erwärmen und im Backofen warm halten. Das Fleisch in dünne Scheiben schneiden. Auf jeden Pfannkuchen einige Streifen Frühlingszwiebeln geben. Fleischscheiben und Hoisinsauce hinzufügen und die Pfannkuchen zusammenrollen. Mit gedünsteten Frühlingszwiebelstreifen servieren. Für 4 Personen.
Tipp: Pfannkuchen mit grünen Zwiebeln gibt es in den meisten Asiasupermärkten. Oder Sie bereiten sie nach dem Rezept auf Seite 165 zu, wobei Sie eine Tasse gehackte Frühlingszwiebeln hinzufügen.

Pro Portion ca. 205 kcal/861 kJ
34 g E · 6 g F · 40 g KH

In Salbei-Olivenöl gebratener Schwertfisch

3 El fruchtiges Olivenöl
2 El Salbeiblätter
2 Tl abgeriebene Zitronenschale
Frisch gemahlener schwarzer Pfeffer
4 dünne Schwertfischsteaks

Das Olivenöl in einer großen Pfanne bei mittlerer Hitze erwärmen. Salbei, Zitronenschale und Pfeffer darin 2 Minuten sautieren, bis der Salbei knusprig ist.
Die Fischsteaks dazugeben und auf jeder Seite 1 Minute garen, so dass sie fast durchgebraten sind. Mit dem Salbeiöl servieren. Für 4 Personen.
Tipp: Für dieses Rezept eignet sich jeder feste weiße Fisch, hervorragend passen dazu gebackene Kartoffeln mit Salz und Rosmarin (Seite 134).

Pro Portion ca. 265 kcal/1110 kJ
29 g E · 14 g F · 1 g KH

Thunfischsalat mit weißen Bohnen

125 g Blattspinat
375 g weiße Bohnen aus der Dose, abgetropft
375 g Thunfisch in Öl aus der Dose, abgetropft
1 Salatgurke, in Stücke geschnitten
2 Tomaten, in Stücke geschnitten
2 El gehackte glatte Petersilie
2 El Olivenöl
2 El Zitronensaft
Frisch gemahlener schwarzer Pfeffer

Blattspinat, Bohnen, Thunfisch, Gurken, Tomaten und Petersilie auf Tellern verteilen.
Öl, Zitronensaft und Pfeffer mischen und über den Salat gießen. Mit Brot servieren. Für 4 Personen.

Pro Portion ca. 537 kcal/2250 kJ
37 g E · 26 g F · 32 g KH

Thunfischsalat mit weißen Bohnen

10 Minuten (circa)

Gurkensalat mit gepfeffertem Rindfleisch

Warme Thunfischpanini

Garnelensalat mit Parmesandressing

Gurkensalat mit gepfeffertem Rindfleisch

550 g Rump- oder Hüftsteak
Öl
Frisch gemahlener schwarzer Pfeffer
Salat
150 g Blattspinat
2 Salatgurken
2 Frühlingszwiebeln, gehackt
2 El glatte Petersilie, gehackt
2 El Weißweinessig
1 El Sesamöl

Das Fleisch mit Öl einpinseln und mit Pfeffer bestreuen. Auf oder unter einem Grill oder in einer heißen Grillpfanne auf jeder Seite 1–2 Minuten garen. Das Fleisch auf einem Teller 2 Minuten zugedeckt ruhen lassen.
Inzwischen die Spinatblätter auf Tellern anrichten. Die Gurken in dünne lange Scheiben schneiden und mit Zwiebeln, Petersilie, Essig und Sesamöl mischen. Das Fleisch in Scheiben schneiden und auf den Spinat geben. Zusammen mit dem Gurkensalat servieren. Für 4 Personen.
Pro Portion ca. 280 kcal/1173 kJ
32 g E · 13 g F · 6 g KH

Warme Thunfischpanini

2 Sesambrötchen
¼ Tasse Mayonnaise
1 El Zitronensaft
1 El gehackter Dill
375 g Thunfisch in Öl aus der Dose, abgetropft
50 g Blattspinat
1 Tomate, in Scheiben geschnitten
Frisch gemahlener schwarzer Pfeffer und Meersalz
Olivenöl

Die Brötchen halbieren und die unteren Hälften mit einer Mischung aus Mayonnaise, Zitronensaft und Dill bestreichen. Mit Thunfisch, Spinat und Tomate belegen und mit Pfeffer und Salz bestreuen, dann mit der zweiten Hälfte bedecken.
Etwas Olivenöl in einer Pfanne bei mittlerer Hitze erwärmen. Die Brötchen hineingeben und jeweils mit einem kleinen Teller und etwas Schwerem (etwa einer Büchse Tomaten) bedecken. Auf jeder Seite 4 Minuten lang goldbraun braten. Für 2 Personen.
Pro Portion ca. 964 kcal/4038 kJ
53 g E · 57 g F · 45 g KH

Garnelensalat mit Parmesandressing

550 g gekochte, geschälte Garnelen
1 Romanasalat, in Blätter zerlegt
1 Avocado, geviertelt
1 Tomate, gehackt
2 El eingelegte Kapern, abgespült
Parmesandressing:
¼ Tasse geriebener Parmesankäse
½ Tasse Mayonnaise
2 El Öl
3 El Zitronensaft
Frisch gemahlener schwarzer Pfeffer

Garnelen, Salatblätter, Avocados, Tomaten und Kapern auf Tellern anrichten.
Parmesan, Mayonnaise, Öl, Zitronensaft und Pfeffer mischen und über den Salat geben.
Mit Brot und Limonenschnitzen servieren.
Für 4 Personen.
Pro Portion ca. 601 kcal/2520 kJ
31 g E · 46 g F · 8 g KH

Chilipasta mit Zitronenthunfisch

400 g frische Chililinguini oder Capellini d'angelo*
300 g Sashimi-Thunfisch*
3 El Zitronensaft
2 El Öl
1–2 Tl Wasabipaste*
2 El Kerbelblätter
Frisch gemahlener schwarzer Pfeffer

Die Pasta in einem großen Topf mit kochendem Wasser 4–5 Minuten al dente kochen.
Inzwischen den Thunfisch in kleine Würfel schneiden. Zitronensaft, Öl und Wasabi mischen. Die Pasta abgießen und mit Thunfisch, Kerbel und der Zitronensaftmischung vermischen. Mit grob gemahlenem schwarzem Pfeffer bestreuen und mit einem Blattsalat servieren. Für 4 Personen.
Tipp: Für dieses Rezept eignet sich auch vorzüglich Lachs oder Seeforelle. Falls Sie keine frische Pasta bekommen, nehmen Sie getrocknete Pasta – dafür brauchen Sie aber mehr als 10 Minuten. Als komplette Mahlzeit mit Eisbergsalat servieren (Seite 134).
Pro Portion ca. 574 kcal/2406 kJ
28 g E · 18 g F · 73 g KH

Chilipasta mit Zitronenthunfisch

10 Minuten (circa)

Spinatsalat mit warmem Knoblauchdressing

Gegrilltes Knäckebrot mit Honigsenf und Rauchschinken

Pasta mit Huhn und Spinat

Spinatsalat mit warmem Knoblauchdressing

250 g Blattspinat
½ Tasse halbgetrocknete Tomaten*
12 Scheiben Ciabatta*
Olivenöl
Warmes Knoblauchdressing:
3 El Olivenöl
3 Knoblauchzehen, in Scheibchen geschnitten
2 El eingelegte Kapern, abgespült
¼ Tasse schwarze Oliven
2 El Zitronensaft
2 El Thymianblätter
Frisch gemahlener schwarzer Pfeffer

Die Spinatblätter und die Tomaten auf Tellern anrichten. Dann die Ciabattascheiben auf einem Teller mit etwas Olivenöl beträufeln. Unter einem heißen Grill oder in einer Grillpfanne 1 Minute auf jeder Seite rösten.
Das Öl in einem Topf bei mittlerer Hitze erwärmen. Den Knoblauch darin 1 Minute lang leicht bräunen. Kapern, Oliven, Zitronensaft, Thymian und Pfeffer dazugeben und 1 Minute ziehen lassen. Das warme Dressing über den Salat gießen und darauf die gerösteten Brotscheiben legen. Für 4 Personen.

Pro Portion ca. 359 kcal/1503 kJ
8 g E · 13 g F · 48 g KH

Gegrilltes Knäckebrot mit Honigsenf und Rauchschinken

2 El Honig
3 El Dijonsenf
4 Scheiben dünnes Knäckebrot
6–8 Scheiben Rauchschinken
6–8 Scheiben reifer Brie
4–6 Blätter Radicchio
Olivenöl

Honig und Senf mischen und auf 2 Knäckebrotscheiben streichen. Mit Schinken, Brie und Radicchioblättern belegen. Darauf die beiden restlichen Brotscheiben legen und mit etwas Olivenöl einpinseln. Unter einem heißen Grill oder in einer Grillpfanne jede Seite 1–2 Minuten knusprig und goldbraun grillen. Für 2 Personen.

Pro Portion ca. 751 kcal/3147 kJ
48 g E · 37 g F · 51 g KH

Pasta mit Huhn und Spinat

450 g frische Pasta*
2½ Tassen Tomatensauce aus der Flasche oder klassische Tomatensauce (siehe Seite 146)
3 Hühnerbrustfilets, in Scheibchen geschnitten
150 g Blattspinat
Frisch gemahlener schwarzer Pfeffer
Parmesankäse zum Garnieren

Die Pasta in einem Topf mit kochendem Wasser 4–5 Minuten al dente kochen.
Inzwischen die Tomatensauce in einer Pfanne bei starker Hitze erwärmen. Wenn sie kocht, die Hühnchenscheiben dazugeben. 2–3 Minuten zugedeckt köcheln lassen.
Die Pasta abgießen, auf Tellern verteilen und mit den Spinatblättern garnieren. Das Tomatenhuhn darüber geben und mit Pfeffer und Parmesan servieren. Für 4 Personen.

Pro Portion ca. 617 kcal/2584 kJ
24 g E · 13 g F · 83 g KH

Geröstete Prosciutto-sandwiches

4 Scheiben Weißbrot
Butter
3 Bocconcini*, in dicke Scheiben geschnitten
2 El Basilikum
8–12 Scheiben Prosciutto*
1–2 El geriebener Parmesankäse
Frisch gemahlener schwarzer Pfeffer
Rucolablätter (Rauke) zum Garnieren

Die Weißbrotscheiben unter einem vorgeheizten Grill bei mittlerer Hitze auf einer Seite rösten. Die Brote wenden und mit Butter bestreichen. Mit Mozzarellascheiben, Basilikum und Schinken belegen, mit Parmesan und Pfeffer bestreuen und 1 Minute grillen, bis der Parmesan geschmolzen und der Schinken knusprig ist.
Die gegrillten Sandwiches mit Rucolablättern (Rauke) servieren. Für 4 Personen.
Tipp: Sie machen eine richtige Mahlzeit daraus, wenn Sie zu den Sandwiches gerösteten Tomatensalat servieren (Seite 134).

Pro Portion ca. 426 kcal/1787 kJ
31 g E · 20 g F · 28 g KH

Geröstete Prosciuttosandwiches

Schokoladensauce für Eis

Tiramisu mit weißer Schokolade

Steinobst und Beeren in Muscato

Amaretto-Toast

Schokoladensauce für Eis

½ Tasse Sahne
125 g Bitterschokolade, geraspelt
Vanille-, Schokolade- oder Karamelleis

Die Sahne in einer Kasserolle bei mittlerer Hitze erwärmen. Beiseite stellen und die Schokolade hineinrühren. Abkühlen lassen und über das Eis gießen. Ergibt 250 ml (1 Tasse). *Tipp:* Saucenreste im Kühlschrank aufbewahren und zur Wiederverwendung langsam erwärmen.

Pro Portion ca. 219 kcal/919 kJ
4 g E · 15 g F · 15 g KH

Tiramisu mit weißer Schokolade

150 g Löffelbiskuits
¼ Tasse starker Espresso, eisgekühlt
¼ Tasse Kaffeelikör
¾ Tasse Schlagsahne
Weiße Schokolade, geraspelt

Die Löffelbiskuits auf Teller legen. Mit der Espresso-Likör-Mischung tränken. Die Schlagsahne und die Schokoladeraspeln darüber geben. Für 4 Personen.

Pro Portion ca. 366 kcal/1532 kJ
4 g E · 20 g F · 36 g KH

Steinobst und Beeren in Muscato

2 Pflaumen, geviertelt
2 Pfirsiche, halbiert
150 g Heidelbeeren
150 g Himbeeren
1½ Tassen gekühlter Muscato d'Asti-Wein

Die Früchte in Dessertschalen geben. Mit dem gut gekühlten Dessertwein begießen und mit Messer, Gabel und einem großen Löffel für den Saft servieren. Für 4 Personen.

Pro Portion ca. 115 kcal/482 kJ
1 g E · 1 g F · 10 g KH

Amaretto-Toast

1 Ei, leicht geschlagen
2 El Amaretto
2 El Zucker
1 Tl Vanillemark
½ Tasse Milch
3 Scheiben Kastenweißbrot, entrindet und halbiert

Ei, Amaretto, Zucker und Vanille in einer Schüssel mit einer Gabel mischen. Die Milch darunter schlagen.
In einer Pfanne bei mittlerer Hitze etwas Butter zerlassen. Einige Brotstücke in die Eimischung tunken und dann in die heiße Pfanne geben. 2 Minuten auf jeder Seite goldbraun braten. Das restliche Brot auf die gleiche Weise zubereiten. Mit Puderzucker bestäuben oder mit Ahornsirup und einem Gläschen Amaretto und Kaffee servieren. Für 2 Personen.

Pro Portion ca. 438 kcal/1834 kJ
13 g E · 6 g F · 73 g KH

Feigen in Vanilleportwein

¼ Tasse Zucker
¾ Tasse guter Portwein
1 Tl Vanillemark
4 Feigen, halbiert

Zucker, Portwein und Vanille in einer Kasserolle bei geringer Hitze so lange verrühren, bis sich der Zucker aufgelöst hat.
1 Minute köcheln lassen.
Die Feigen in Dessertschüsseln geben und den Vanille-Portwein darüber gießen. Mit Schlagsahne oder Karamelleis servieren. Für 4 Personen.
Tipp: Wenn Sie Zeit haben, bereiten Sie die Kokosmakronen (Seite 126) als Beilage.

Pro Portion ca. 193 kcal/810 kJ
1 g E · 1 g F · 33 g KH

Feigen in Vanilleportwein

Minuten

Frittata

Udonsuppe

Laksa

Reispilaw

Salate

Püree

Pfannenrühren

Harissa

Bruschetta

Linsen

Gebratenes Huhn mit Ziegenquark

Udonsuppe mit gegrilltem Huhn

Gebratenes Schweinefilet mit knusprigem Pancetta

Gebratenes Huhn mit Ziegenquark

4 Hühnerbrustfilets mit Haut
100–150 g Ziegenquark
Meersalz und frisch gemahlener schwarzer Pfeffer
2 El Öl
2 El Zitronenthymian

In jede Hühnerbrust zwischen Haut und Fleisch eine Tasche schneiden und diese mit Ziegenquark füllen (mit einem Teelöffel oder einem kleinen Spatel). Die Haut des Huhns mit Meersalz und Pfeffer bestreuen.
Das Öl in einer Bratpfanne bei mittlerer Hitze erwärmen. Die Zitronenthymianblättchen 1 Minute darin sautieren. Das Huhn mit der Haut nach unten in der Pfanne in 3–4 Minuten goldbraun braten. Wenden und in 1–2 Minuten durchbraten. Schneiden Sie das Huhn in große Scheiben und servieren es mit Zitronenthymianöl aus der Pfanne und mit einem einfachen Salat oder gedünsteten Bohnen oder Erbsen. Für 4 Personen.
Tipp: Falls Sie Ziegenquark nicht mögen, nehmen Sie stattdessen Mascarpone. Servieren Sie dazu Spargel mit Balsamicobutter (Seite 134).

Pro Portion ca. 242 kcal/1013 kJ
30 g E · 12 g F · 1 g KH

Udonsuppe mit gegrilltem Huhn

3 Tassen Hühnerbrühe
2 El Misopaste*
300 g frische Udonnudeln*
2 Hühnerbrustfilets, in feine Scheiben geschnitten
Öl
2 Frühlingszwiebeln, in Streifen geschnitten
80 g Enokipilze

Die Hühnerbrühe und die Misopaste in einem Topf zum Kochen bringen. Die Hitze reduzieren und die Udonnudeln darin ziehen lassen.
Die Hühnchenscheiben mit Öl einpinseln und unter einem heißen Grill oder in einer Grillpfanne auf jeder Seite 1 Minute grillen.
Die Zwiebeln und die Pilze in die Suppe geben. Die Suppe auf Schüsseln verteilen, mit dem gegrillten Huhn garnieren und servieren. Für 2 Personen.

Pro Portion ca. 678 kcal/2841 kJ
35 g E · 5 g F · 119 g KH

Gebratenes Schweinefilet mit knusprigem Pancetta

12–14 Scheiben Pancetta*
350–400 g Schweinsfilet
1 Apfel, in Scheiben geschnitten
2 Tl Öl
2 El Salbeiblätter
Frisch gemahlener schwarzer Pfeffer

Den Backofen auf 220° vorheizen. Das Schweinsfilet mit dem Pancetta umwickeln. Die Apfelscheiben in eine Backform geben und das Filet darauf legen. Mit Öl beträufeln und mit Salbei und Pfeffer bestreuen.
12–15 Minuten im Backofen braten. Das Filet in dicken Scheiben mit einem pikanten Rucolasalat (Rauke) servieren. Für 2 Personen.
Tipp: Sie können das Filet auch in dünn geschnittenen Prosciutto wickeln. Gut dazu passt das Püree mit geröstetem Knoblauch (Seite 134).

Pro Portion 602 kcal/2520 kJ
78 g E · 26 g F · 10 g KH

Huhn mit Salz und Fünf Gewürzen

400 g Hühnerteile mit Haut
2 El Zitronensaft
1 El Chiliöl
1 Prise chinesisches Fünf-Gewürze-Pulver*
1 El Meersalz
1 Tl Fünf-Gewürze-Pulver* zusätzlich

Die Hühnerteile in einer Schüssel mit Zitronensaft, Chiliöl und der Prise Fünf-Gewürze-Pulver 5 Minuten marinieren.
Den Backofen auf 220° vorheizen. Dann die Hühnerteile in einer großen Bratpfanne bei starker Hitze auf jeder Seite (zuerst mit der Haut nach unten) 2 Minuten goldbraun braten. Auf ein Backblech legen und im Backofen 8–10 Minuten durchbraten.
Salz und zusätzliches Fünf-Gewürze-Pulver mischen und in Schälchen zum Huhn servieren. Die Hühnerstücke in die Mischung stippen und mit Reis und Blattgemüse servieren. Für 2 Personen.

Pro Portion ca. 275 kcal/1152 kJ
41 g E · 10 g F · 1 g KH

Huhn mit Salz und Fünf Gewürzen

20 Minuten

Garnelenküchlein mit milder Chilisauce

Grilltomaten-Bruschetta-Salat

Kokos- und Lachs-Laksa

Garnelenküchlein mit milder Chilisauce

600 g graues (rohes) Garnelenfleisch
1 Eiweiß
2 Kaffir-Limonenblätter*, gehackt
3 El milde Chilisauce
2 Tassen frische Brotbrösel
3 El Reismehl
Öl zum Frittieren
Zusätzliche milde Chilisauce zum Servieren

Garnelenfleisch, Eiweiß, Limonenblätter, milde Chilisauce, Brotbrösel und Reismehl in der Küchenmaschine zu einer groben Mischung verarbeiten. Mit angefeuchteten Händen Küchlein daraus formen. Das Öl in einer Pfanne bei mittlerer Hitze erwärmen. Die Garnelenküchlein portionsweise hineingeben und 3 Minuten lang auf jeder Seite goldbraun frittieren. Abtropfen lassen und mit milder Chilisauce und Blattgemüse servieren. Für 4 Personen.
Tipp: Diese Garnelenküchlein sind ein köstlicher Happen zu Drinks. Die Küchlein formen und einfrieren; kurz vor dem Servieren frittieren.

Pro Portion ca. 404 kcal/1692 kJ
33 g E · 13 g F · 34 g KH

Grilltomaten-Bruschetta-Salat

2 Tomaten, halbiert
4 Scheiben Ciabatta*
Frisch gemahlener schwarzer Pfeffer
Olivenöl
1 Knoblauchzehe, halbiert
50 g Rucolablätter (Rauke)
50 g Blattspinat
Balsamessig und Olivenöl für ein Dressing
Geraspelter Parmesankäse zum Servieren

Tomaten und Brot auf ein Blech geben, mit Pfeffer bestreuen und mit Öl beträufeln. Unter einen vorgeheizten Grill schieben. Das Brot auf jeder Seite 1 Minute goldbraun rösten. Das Brot vom Blech nehmen und die Tomaten weitere 10 Minuten grillen, bis sie weich sind. Beide Seiten des Brots mit Knoblauch einreiben.
Rucola- und Spinatblätter auf Tellern anrichten und Brot und Tomaten darauf setzen. Mit einer Mischung aus Balsamessig und Olivenöl beträufeln und mit Parmesanraspeln bestreuen. Für 2 Personen.
Tipp: Sie können das Brot in diesem Rezept auch durch Parmesanmürbteig-Törtchen (Seite 173) ersetzen.

Pro Portion ca. 415 kcal/1737 kJ
11 g E · 12 g F · 61 g KH

Kokos- und Lachs-Laksa

150 g getrocknete Reisnudeln
4 El gute Laksapaste*
1 El gehackter Ingwer
1 Kaffir-Limonenblatt*, gehackt (wahlweise)
3 Tassen Fisch- oder Gemüsebrühe
2 Tassen Kokosmilch
250 g Lachsfilet, klein geschnitten
4 Blätter Chinakohl
Gehackte rote Chillies und Korianderblätter zum Garnieren

Die Reisnudeln in einer Schüssel mit kochendem Wasser 2 Minuten ziehen lassen, abgießen und beiseite stellen. Laksapaste, Ingwer und Limonenblatt in einem Topf bei mittlerer Hitze 1 Minute köcheln. Brühe und Kokosmilch dazugeben und die Hitze reduzieren.
Lachs und Chinakohl in der heißen Kokosbrühe 1–2 Minuten dünsten. Reisnudeln auf Portionsschüsseln verteilen und Brühe darübergießen. Mit gehackten Chillies und Korianderblättern bestreuen. Für 4 Personen.

Pro Portion ca. 287 kcal/1200 kJ
16 g E · 9 g F · 31 g KH

Schollenfilet mit Pfeffer und Reispilaw

4 Schollenfilets
Öl
Frisch gemahlener schwarzer Pfeffer und Meersalz
Zitronen-Reispilaw:
1 El Öl
1 Zwiebel, gehackt
1½ Tassen Langkornreis
3 Tassen Gemüse- oder Hühnerbrühe
2–3 El Zitronensaft
2 El gehackte glatte Petersilie
Frisch gemahlener schwarzer Pfeffer und Meersalz

Das Öl in einem Topf bei mittlerer Hitze erwärmen. Die Zwiebeln darin 2 Minuten glasig dünsten. Den Reis dazugeben und 1 Minute dünsten. Die Brühe hinzufügen und 10–12 Minuten kochen, bis fast die ganze Brühe vom Reis aufgenommen ist. Zitronensaft, Petersilie, Pfeffer und Salz darunter ziehen.
Während der Pilaw kocht, die Fischfilets mit Öl einpinseln. Mit Pfeffer und Meersalz bestreuen. In einer Pfanne bei starker Hitze den Fisch auf jeder Seite 2–3 Minuten goldbraun braten. Mit dem Zitronenpilaw servieren. Für 2 Personen.

Pro Portion ca. 838 kcal/3509 kJ
33 g E · 10 g F · 49 g KH

Schollenfilet mit Pfeffer und Reispilaw

Gewürztes Huhn mit Chilipilaw

2 El Öl
3 rote Chillies, von den Samen befreit und gehackt
1½ Tassen Reis
3 Tassen Hühnerbrühe
150 g grüne Bohnen, halbiert
Gewürztes Huhn:
2 El Öl
4 Hühnerbrustfilets, halbiert
2 El gemahlener Kreuzkümmel
2 Tl gemahlener Zimt
Frisch gemahlener schwarzer Pfeffer

Das Öl in einem Topf bei mittlerer Hitze erwärmen. Die Chillies 1 Minute darin sautieren. Den Reis hinzufügen und eine weitere Minute dünsten. Mit der Brühe aufgießen und zum Kochen bringen. Die Hitze reduzieren und den Reis 10–12 Minuten dünsten, bis er fast alle Flüssigkeit aufgenommen hat. Die Bohnen auf den Reis legen, zudecken und den Topf vom Herd nehmen.
Während der Reis kocht, zusätzliches Öl in einer Pfanne erhitzen. Die Hühnerstücke in einer Mischung aus Kreuzkümmel, Zimt und Pfeffer wälzen und auf jeder Seite 2 Minuten goldbraun braten. Mit Bohnen und Chilipilaw servieren. Für 4 Personen.

Pro Portion ca. 544 kcal/2280 kJ
30 g E · 11 g F · 75 g KH

Gegrillter Fenchelsalat

4 kleine Fenchelknollen, halbiert
150 g Ziegenkäse, in Scheiben geschnitten
1 El Thymian
Olivenöl
Frisch gemahlener schwarzer Pfeffer
180 g Rucolablätter (Rauke)
150 g Kirschtomaten, geviertelt
Balsamessig und Olivenöl zum Servieren

Den Fenchel mit der Schnittfläche nach oben auf ein Blech legen. Den Ziegenkäse darauf geben, mit Thymian bestreuen und mit etwas Öl beträufeln. Unter einem vorgeheizten Grill 5 Minuten grillen, bis der Fenchel weich geworden ist. Rucolablätter und Tomaten auf Tellern anrichten und mit dem gegrillten Fenchel belegen. Mit Balsamessig und Olivenöl als Dressing und Vollkornbrotscheiben servieren. Für 4 Personen.

Pro Portion ca. 127 kcal/534 kJ
11 g E · 7 g F · 5 g KH

Gebratener Fisch mit Zitrone und Petersilie

2 El fein gehackte Zitronenschale
¼ Tasse gehackte glatte Petersilie
Frisch gemahlener schwarzer Pfeffer und Meersalz
4 Filets von weißem Fisch
Olivenöl
Zitronenschnitze zum Garnieren
Blattgemüse als Beilage

Zitronenschale, Petersilie, Pfeffer und Salz in einer Schüssel mischen. Den Fisch darin wälzen. Etwas Olivenöl in einer großen Pfanne bei starker Hitze erwärmen. Den Fisch 1–2 Minuten auf jeder Seite darin goldbraun braten. Mit den Zitronenschnitzen und gedünstetem Blattgemüse servieren. Für 4 Personen.

Pro Portion ca. 215 kcal/903 kJ
33 g E · 9 g F · 1 g KH

Pfannengerührtes Rumpsteak, Ingwer und Blattgemüse

1 El Sesamöl
2 El gehackter Ingwer
2 Knoblauchzehen, in Scheiben geschnitten
500 g Rumpsteak, in Scheiben geschnitten
500 g asiatische Blattgemüse, geputzt und halbiert
2 El Austernsauce
½ Tasse chinesischer Kochwein*
2 Tl Maismehl
¼ Tasse Schnittlauchröllchen

Das Sesamöl in einem Wok oder einer Pfanne bei starker Hitze erwärmen. Ingwer und Knoblauch darin 1 Minute sautieren. Das Fleisch hinzufügen und 2–3 Minuten pfannenrühren.
Die Blattgemüse (Choy sum oder Gai larn) mit der Austernsauce und dem Kochwein dazugeben und 2 Minuten pfannenrühren. Das Maismehl mit etwas Wasser zu einer glatten Paste verrühren. In die Pfanne geben und 2 Minuten pfannenrühren, bis die Gemüse zart sind und die Sauce angedickt ist. Mit Schnittlauch bestreuen und mit Reis oder Reisnudeln servieren. Für 4 Personen.

Pro Portion ca. 256 kcal/1075 kJ
30 g E · 8 g F · 6 g KH

Gewürztes Huhn mit Chilipilaw

Gebratener Fisch mit Zitrone und Petersilie

Gegrillter Fenchelsalat

Pfannengerührtes Rumpsteak, Ingwer und Blattgemüse

Kalbssteak mit Tomate und Mozzarella

Dicke-Bohnen-Suppe mit Speck

Hühnerbrustfilets in Sojasauce und Sternanis gedünstet

Kalbssteak mit Tomate und Mozzarella

1 El Öl
4 Kalbssteaks
4 Scheiben Ciabatta*
4 kleine Bocconcini*, in dicke Scheiben geschnitten
2 Tomaten, in Scheiben geschnitten
Olivenöl
Basilikum, gehackt

Das Öl in einer Pfanne bei starker Hitze erwärmen. Die Kalbssteaks darin auf jeder Seite 1 Minute braten. Brotscheiben und Steaks auf ein Blech legen, das Fleisch mit Tomaten- und Mozzarellascheiben belegen und alles mit etwas Olivenöl beträufeln. Unter dem vorgeheizten Grill 2–3 Minuten grillen, bis das Brot geröstet ist und der Käse zu schmelzen beginnt. Zum Servieren etwas gehacktes Basilikum auf das Brot streuen, mit dem Steak belegen und noch etwas Basilikum darüber streuen. Mit grünem Salat servieren. Für 4 Personen.

Pro Portion ca. 445 kcal/1862 kJ
42 g E · 17 g F · 29 g KH

Hühnerbrustfilets in Sojasauce und Sternanis gedünstet

⅓ Tasse Sojasauce
¼ Tasse chinesischer Kochwein* oder Sherry
2 El Austernsauce
2 Sternanis*
1 Zimtstange
2 El brauner Zucker
2 Hühnerbrustfilets
1 Chinakohl, geputzt und halbiert

Sojasauce, Kochwein oder Sherry, Austernsauce, Sternanis, Zimtstange und Zucker in einer Pfanne bei starker Hitze zum Kochen bringen. Die Hühnerfilets hinzufügen und auf jeder Seite 3 Minuten dünsten. Die Kohlblätter in die Pfanne geben und 2 Minuten weich dünsten.
Huhn und Kohl auf Tellern anrichten und die Sauce darüber geben. Mit gedämpftem Reis servieren. Für 2 Personen.

Pro Portion ca. 204 kcal/855 kJ
28 g E · 2 g F · 7 g KH

Dicke-Bohnen-Suppe mit Speck

2 Tl Öl
2 Lauchstangen, in Ringe geschnitten
2 El Rosmarin
6 Scheiben durchwachsener Speck, entrindet und in Streifen geschnitten
2 440 g-Dosen geschälte Tomaten, leicht zerdrückt
1 Tasse Rotwein
2 Tassen Rinderbrühe
1½ Tassen dicke Bohnen
Frisch gemahlener schwarzer Pfeffer und Meersalz

Das Öl in einem großen Topf bei mittlerer Hitze erwärmen. Lauch, Rosmarin und Speck 5 Minuten darin dünsten, bis der Lauch weich ist. Tomaten, Wein und Brühe hinzufügen und 8 Minuten köcheln lassen.
Die dicken Bohnen dazugeben und 5 Minuten kochen, bis sie zart sind. Mit Pfeffer und Salz würzen, die Suppe mit Brot servieren. Für 4 Personen.
Tipp: Verwenden Sie gefrorene Bohnen, falls Sie keine frischen bekommen.

Pro Portion 176 kcal/740 kJ
315 g E · 7 g F · 8 g KH

Pasta mit Rucola und Blauschimmelkäse

450 g frische* oder getrocknete Pasta
2 El Butter
½ Tasse Walnüsse
2 El Apfelessig
3 El gehackter Schnittlauch
180 g Rucolablätter (Rauke)
150 g Blauschimmelkäse, in Scheiben geschnitten
Frisch gemahlener schwarzer Pfeffer

Die Pasta in einem Topf mit kochendem Wasser al dente kochen.
Inzwischen die Butter in einer Kasserolle bei mittlerer Hitze zerlassen. Die Walnüsse darin 2 Minuten dünsten. Den Essig dazugeben. Die Pasta abgießen und mit Schnittlauch, Rucola, Käse, Walnussdressing und Pfeffer mischen.
Die Pasta mit Brot und einem Tomatensalat mit einem einfachen Balsamicodressing servieren. Für 4 Personen.

Pro Portion 648 kcal/2720 kJ
26 g E · 28 g F · 72 g KH

Pasta mit Rucola und Blauschimmelkäse

Huhn mit Parmesan paniert

Gegrillte Aubergine mit Basilikumpaste

Knoblauchsteaks mit gewürztem Couscous

Pochiertes Huhn in Kokoscurry

Huhn mit Parmesan paniert

2 Hühnerbrustfilets
2 Eiweiß, leicht geschlagen
1 Tasse geriebener Parmesankäse
Frisch gemahlener schwarzer Pfeffer
2 El Öl
2 reife Tomaten, in Scheiben geschnitten
2 El gehacktes Basilikum
Balsamessig und Olivenöl zum Servieren

Die Hühnerfilets in 2 dünne, flache Stücke schneiden. Jedes Stück in das Eiweiß tauchen und dann in der Parmesan-Pfeffer-Mischung wälzen.
Das Öl bei mittlerer Hitze in einer Pfanne erwärmen und die Hühnerstücke darin auf jeder Seite 1–2 Minuten goldbraun braten.
Tomaten und Basilikum auf Tellern anrichten, mit Balsamessig und Olivenöl beträufeln und mit den Hühnerstücken belegen. Mit Zitronenschnitzen und Brot servieren. Für 2 Personen.

Pro Portion ca. 439 kcal/1833 kJ
45 g E · 24 g F · 3 g KH

Knoblauchsteaks mit gewürztem Couscous

1 El Öl
3 Knoblauchzehen, in Scheibchen geschnitten
2 Sirloinsteaks
Gewürzter Couscous:
1 Tasse Couscous
1½ Tassen Hühnerbrühe, kochend
2 El Butter
2 Tl Kreuzkümmelsamen
2 El gehackte Korianderblätter
Frisch gemahlener schwarzer Pfeffer und Meersalz

Couscous und Brühe in eine Schüssel geben. Mit Frischhaltefolie zudecken und 4–5 Minuten stehen lassen, bis die Brühe aufgenommen ist.
Inzwischen die Butter in einer Pfanne bei mittlerer Hitze zerlassen. Die Kreuzkümmelsamen hinzufügen und 2 Minuten dünsten. Dann Couscous, Koriander, Pfeffer und Salz dazugeben und 1 Minute lang erwärmen.
Öl in einer Bratpfanne erhitzen. Die Knoblauchscheibchen in die Steaks drücken und das Fleisch in der heißen Pfanne auf jeder Seite 2 Minuten braten. Auf Couscous mit gedünstetem Blattgemüse servieren. Für 2 Personen.

Pro Portion ca. 720 kcal/3016 kJ
55 g E · 23 g F · 71 g KH

Gegrillte Aubergine mit Basilikumpaste

2 Auberginen, halbiert
3 Tomaten, halbiert
Basilikumpaste
⅓ Tasse gehackte glatte Petersilie
⅔ Tasse gehacktes Basilikum
2 Knoblauchzehen, in Scheibchen geschnitten
1 El Dijonsenf
3 El Kapern
⅓ Tasse Olivenöl
2 El Zitronensaft

In die Auberginen und Tomaten tiefe Schlitze schneiden und auf ein Blech legen.
Für die Basilikumpaste Petersilie, Basilikum, Knoblauch, Senf und Kapern im Mixer oder Cutter fein zerhacken. Olivenöl und Zitronensaft hinzufügen und zu einer glatten Paste verarbeiten.
Die Basilikumpaste auf die Auberginen und Tomaten streichen. Unter einem vorgeheizten Grill 5 Minuten weich garen. Mit geröstetem Knäckebrot und festem Ziegenkäse servieren. Für 4 Personen.

Pro Portion ca. 66 kcal/275 kJ
3 g E · 3 g F · 6 g KH

Pochiertes Huhn in Kokoscurry

3 El rote Currypaste*
6 Hühnerkeulenfilets, halbiert
2 Tassen in Würfel geschnittene Süßkartoffeln
2 Tassen Hühnerbrühe
1½ Tassen Kokosmilch
¼ Tasse Korianderblätter

In einer Pfanne bei mittlerer Hitze die Currypaste 1–2 Minuten sautieren. Filets und Süßkartoffelwürfel dazugeben und 2 Minuten dünsten. Brühe und Kokosmilch hinzufügen und die Hitze reduzieren. 12 Minuten köcheln lassen, bis das Huhn und die Kartoffeln gar sind.
Korianderblätter über das Huhn streuen und mit gedämpftem Reis oder gedünsteten Blattgemüsen servieren. Für 4 Personen.
Tipp: Die Kokosmilch nicht kochen, da sie sonst stockt – der Geschmack bleibt der gleiche, aber Aussehen und Beschaffenheit der Sauce ändern sich.

Pro Portion ca. 463 kcal/1943 kJ
43 g E · 27 g F · 13 g KH

Hokkien-Nudeln mit Sesamhuhn

500 g frische Hokkien-Nudeln*
2 Tl Sesamöl
2 Zwiebeln, gehackt
3–4 Hühnerbrustfilets, in Scheibchen geschnitten
3 El Sojasauce
½ Tasse chinesischer Kochwein* oder trockener Sherry
2 El weiße Misopaste*
2 Tassen Blattgemüse wie Spinat oder Chinakohl
1 El Sesamsamen

Die Nudeln unter heißem Wasser waschen, damit sie sich trennen, abgießen und beiseite stellen. Das Öl in einer Pfanne oder einem Wok stark erhitzen. Die Zwiebeln darin 2 Minuten dünsten. Das Huhn dazugeben und 4 Minuten gut bräunen. Sojasauce, Wein, Miso, Gemüse und Hokkien-Nudeln hinzufügen und 4 Minuten pfannenrühren. In Schalen geben und mit Sesamsamen bestreuen. Für 4 Personen.

Pro Portion ca. 620 kcal/2599 kJ
46 g E · 7 g F · 93 g KH

Linsen mit Limonenblättern und Chillies

1 El Öl
4 mittelgroße rote Chillies, gehackt
2 El gehackter Ingwer
5 Kaffir-Limonenblätter*, gehackt
1½ Tassen rote Linsen
3 Tassen Gemüse- oder Hühnerbrühe
1 Tasse Thai-Basilikumblätter*
½ Tasse Korianderblätter
Gedünstete grüne Bohnen als Beilage

Das Öl in einer Pfanne bei mittlerer Hitze erwärmen. Chillies, Ingwer und Limonenblätter darin 1 Minute sautieren. Linsen und Brühe dazugeben und 5–6 Minuten kochen, bis die Linsen gar, aber noch fest sind.
Basilikum und Koriander in Schüsseln anrichten und die Linsen darüber geben. Mit gedünsteten Bohnen servieren. Für 4 Personen.

Pro Portion ca. 318 kcal/1333 kJ
20 g E · 8 g F · 41 g KH

Schweinekoteletts mit Ingwer-Süßkartoffelpüree

2 Schweinskoteletts
Sesamsamen
Öl
Ingwer-Süßkartoffelpüree:
400 g Süßkartoffeln, geschält und gewürfelt
2 El gehackter Ingwer
30 g Butter
1 El Honig
Milch
2 El Korianderblätter

Süßkartoffeln und Ingwer in einem Topf mit kochendem Wasser 5–7 Minuten kochen; abgießen. Die Süßkartoffeln mit Butter, Honig und genügend Milch zu einem glatten Püree verarbeiten. Die Korianderblätter darunter heben. Während die Süßkartoffeln kochen, die Schweinskoteletts mit Sesamsamen bestreuen und diese fest andrücken. In einer Pfanne mit Öl bei mittlerer Hitze 2–3 Minuten auf jeder Seite goldbraun braten. Mit Püree und gedünstetem Blattgemüse oder Brokkoli servieren. Für 2 Personen.
Tipp: Vorzüglich passt dazu Spargel mit Balsamicobutter (Seite 134).

Pro Portion ca. 472 kcal/1982 kJ
36 g E · 20 g F · 34 g KH

Salat von Lammnudeln und Erdnüssen

200 g Glasnudeln*
1 El Chiliöl*
1 Knoblauchzehe, gehackt
500 g Lammrückenstreifen
150 g Erbsenschoten, in Stücke geschnitten
½ rote Paprika, in Streifen geschnitten
3 El Sojasauce
2 El milde Chilisauce
¼ Tasse Korianderblätter
½ Tasse geröstete, ungesalzene Erdnüsse, grob gehackt

Die Glasnudeln in einer Schüssel mit kochendem Wasser 4 Minuten einweichen; abgießen. Das Chiliöl in einem Wok oder einer Pfanne stark erhitzen. Den Knoblauch 30 Sekunden darin dünsten. Die Lammfleischstreifen 3 Minuten darin pfannenrühren. Erbsenschotenstücke und Paprikastreifen 2 Minuten pfannenrühren. Dann die Sojasauce und die Chilisauce darübergeben und den Wok von der Platte nehmen. Die pfannengerührten Zutaten mit Nudeln, Korianderblättern und Erdnüssen vermischen. In Schüsseln geben und mit Limonenachteln servieren. Für 4 Personen.

Pro Portion ca. 550 kcal/2310 kJ
52 g E · 19 g F · 43 g KH

Hokkien-Nudeln mit Sesamhuhn

Schweinekoteletts mit Ingwer-Süßkartoffelpüree

Linsen mit Limonenblättern und Chillies

Salat von Lammnudeln und Erdnüssen

Pfannengerührte Sojawachteln

Gebackene Feigen auf Haloumi

Pasta mit warmen Oliven und Knoblauch

Pfannengerührte Sojawachteln

2 Tl Sesamöl
4 Wachteln, geviertelt
⅓ Tasse salzarme Sojasauce
⅓ Tasse chinesischer Kochwein* oder trockener Sherry
2 El Austernsauce
2 El brauner Zucker
6 Frühlingszwiebeln, in Streifen geschnitten
150 g Shiitakepilze*, in Streifen geschnitten
150 g Erbsenschoten, halbiert
Nudeln als Beilage

Das Öl in einem Wok oder einer Pfanne stark erhitzen. Die Wachtelstücke darin 5 Minuten pfannenrühren, bis sie gut gebräunt sind. Sojasauce, Wein, Austernsauce und Zucker dazugeben und 2–3 Minuten kochen, dabei auf die Hälfte reduzieren.
Die Zwiebeln, Pilze und Erbsen hinzufügen und 2 Minuten dünsten. Die Wachtelstücke auf den pfannengerührten heißen Nudeln servieren. Für 4 Personen.
Pro Portion ca. 413 kcal/1733 kJ
39 g E · 18 g F · 16 g KH

Gebackene Feigen auf Haloumi

8 Feigen, halbiert
4 lange Scheiben Prosciutto*, längs halbiert
60 g weiche Butter
Frisch gemahlener schwarzer Pfeffer
8 Scheiben Haloumi*

Den Backofen auf 220° vorheizen. Jede Feige mit Prosciutto umwickeln, etwas Butter darauf geben und mit Pfeffer bestreuen.
Die Haloumischeiben auf ein Blech geben und auf jede Scheibe 2 Feigenhälften legen. Im Backofen 12 Minuten backen, bis der Prosciutto knusprig ist und die Feigen weich sind. Auf einem Servierteller anrichten und mit grünem Salat servieren. Für 4 Personen.
Tipp: Für dieses Rezept können Sie auch Törtchen nehmen. Legen Sie den Haloumi und die eingewickelten Feigen ungegart auf ein blind gebackenes Mürbteigtörtchen (Seite 170) und backen das Ganze 12 Minuten lang. Mit grünem Salat servieren.
Pro Portion ca. 415 kcal/1743 kJ
5 g E · 30 g F · 32 g KH

Pasta mit warmen Oliven und Knoblauch

450 g frische* oder getrocknete Pasta
2 El Olivenöl
1 Tasse frische Brotbrösel
1 El Olivenöl, zusätzlich
3 Knoblauchzehen, in Scheibchen geschnitten
2 El Rosmarin
2 Tl gehackte Zitronenschale
1 Tasse Ihrer Lieblingsoliven
Frisch gemahlener schwarzer Pfeffer

Die Pasta in einem Topf mit kochendem Wasser 4–5 Minuten (frische Pasta) bzw. 8–12 Minuten (getrocknete Pasta) al dente kochen und abgießen.
Inzwischen das Öl in einer Pfanne stark erhitzen. Darin die Brotbrösel unter Rühren 2–3 Minuten goldbraun rösten. Beiseite stellen. Die Pfanne säubern und zusätzliches Öl erhitzen. Den Knoblauch darin 1 Minute goldbraun rösten. Rosmarin, Zitronenschale, Oliven und Pfeffer dazugeben und 2–3 Minuten dünsten. Die warme Pasta mit der Olivenmischung überziehen und die gerösteten Brotbrösel darüber streuen. Mit grünem Salat servieren. Für 4 Personen.
Tipp: Statt sie mit Brotbröseln zu bestreuen, servieren Sie die Nudeln mit Sesamsüßkartoffeln (Seite 134).
Pro Portion ca. 640 kcal/2688 kJ
20 g E · 10 g F · 115 g KH

Basilikumfrittata mit Graved Lachs

4 Eier, leicht geschlagen
½ Tasse Milch
⅓ Tasse gehackter Basilikum
⅓ Tasse geriebener alter Cheddar
Frisch gemahlener schwarzer Pfeffer
6–8 Scheiben Graved Lachs*

Eier, Milch, Basilikum, Cheddar und Pfeffer in einer Schüssel mischen. Die Mischung in einer 20 cm großen Teflonpfanne bei mittlerer Hitze 4 Minuten lang fast durchbraten. Unter einem heißen Grill 1 Minute goldbraun grillen. Aus der Pfanne nehmen und in Dreiecke schneiden. Mit Lachs belegen und servieren. Für 2 Personen.
Pro Portion ca. 378 kcal/1588 kJ
34 g E · 24 g F · 4 g KH

Basilikumfrittata mit Graved Lachs

Chinesisch gegrilltes Schweinefleisch san choy bau

2 Tl Sesamöl
2 El gehackter Ingwer
4 Frühlingszwiebeln, in Streifen geschnitten
500 g chinesisch gegrilltes Schweinefleisch*, in Scheibchen geschnitten
2 El Hoisinsauce*
2 El Sojasauce
Bohnensprossen
Große Eisbergsalatblätter
Zusätzliche Hoisinsauce zum Servieren

Das Öl in einer Pfanne oder einem Wok bei mittlerer Hitze erwärmen. Ingwer und Zwiebeln darin 1 Minute dünsten. Schweinefleisch, Hoisin- und Sojasauce zugeben und 3 Minuten köcheln.
In jedes Salatblatt ein Häufchen Bohnensprossen und darauf die Schweinefleischmischung geben. Mit zusätzlicher Hoisinsauce servieren. Für 4 Personen.

Pro Portion ca. 240 kcal/1007 kJ
26 g E · 14 g F · 3 g KH

Warmes Schweinefilet mit Fenchelsalat

1 El Öl
650 g Schweinsfilet, pariert
4 kleine Fenchelknollen, in Scheiben geschnitten
1 Tasse trockener Weißwein
Frisch gemahlener schwarzer Pfeffer
2 El Rosmarin
125 g Blattspinat

Das Öl in einer Pfanne bei mittlerer Hitze erwärmen. Das Fleisch darin auf jeder Seite 2 Minuten lang bräunen. Aus der Pfanne nehmen und beiseite stellen. Fenchel, Wein, Pfeffer und Rosmarin in die Pfanne geben und zugedeckt 6 Minuten köcheln lassen. Das Fleisch auf den Fenchel setzen und weitere 6 Minuten zugedeckt köcheln lassen. Das Filet in Scheiben schneiden und mit Spinat, Fenchel und dem Sud aus der Pfanne servieren. Für 4 Personen.

Pro Portion ca. 258 kcal/1082 kJ
40 g E · 4 g F · 6 g KH

Gebratener Fisch mit Harissa und warmen Korianderkartoffeln

4 x 150 g Filet von weißem Fisch, etwa Schellfisch, Schwertfisch usw.
2–3 El Harissa*
1 El Öl
Warme Korianderkartoffeln:
500 g festkochende Kartoffeln
2 Knoblauchzehen, zerdrückt
½ Tasse Naturjoghurt
2 El gehackte Minze
2 El gehackte Korianderblätter
Frisch gemahlener schwarzer Pfeffer und Meersalz

Die Kartoffeln schälen, halbieren und in einem Topf mit kochendem Wasser 15 Minuten lang weich kochen. Abgießen und etwas abkühlen lassen.
Inzwischen den Fisch mit Harissa bestreichen. Das Öl in einer Teflonpfanne bei mittlerer Hitze erwärmen. Den Fisch darin auf jeder Seite 2–3 Minuten braten. Knoblauch, Joghurt, Minze, Korianderblätter und Pfeffer und Salz mischen und die Kartoffeln damit überziehen. Auf eine Platte geben und den Fisch darauf anrichten. Für 4 Personen.
Tipp: Gut zum Fisch passt auch das Püree mit geröstetem Knoblauch (Seite 134).

Pro Portion ca. 235 kcal/986 kJ
30 g E · 3 g F · 20 g KH

Honiglammkebabs

400 g Lammrücken oder –filet
2 El Honig
2 Tl abgeriebene Zitronenschale
1 El Rosmarin
Frisch gemahlener schwarzer Pfeffer
Couscous und Blattspinat als Beilage

Das Lammfleisch in Streifen oder Würfel schneiden und auf Spieße stecken. Honig, Zitronenschale, Rosmarin und Pfeffer mischen und auf die Kebabs streichen. Unter einem vorgeheizten Grill 1–2 Minuten auf jeder Seite grillen.
Die Kebabs auf Couscous und mit Blattspinat servieren.
Für 2 Personen.
Tipp: Sie können diese Kebabs auch mit Sesamsüßkartoffeln (Seite 134) servieren.

Pro Portion ca. 546 kcal/2285 kJ
36 g E · 37 g F · 16 g KH

Chinesisch gegrilltes Schweinefleisch san choy bau

Gebratener Fisch mit Harissa und warmen Korianderkartoffeln

Warmes Schweinefilet mit Fenchelsalat

Honiglammkebabs

Apfelblätterteig

Karamellisierte Erdbeertörtchen

Waffeln mit Vanille-Espresso-Sirup

Apfelblätterteig

2 Blatt Fertigblätterteig
2 süße rote Äpfel
Brauner Zucker

Den Backofen auf 220° vorheizen. Jedes Teigblatt halbieren. Die Äpfel entkernen und in dünne Scheiben schneiden. Ein Blech mit Backpapier auskleiden, die Teigblätter darauf geben und mit einer Schicht Apfelscheiben belegen. Mit braunem Zucker bestreuen. 12 Minuten im Backofen goldbraun backen. Mit Schlagsahne oder Vanilleeis servieren. Für 4 Personen.

Pro Portion ca. 290 kcal/1218 kJ
2 g E · 16 g F · 34 g KH

Karamellisierte Erdbeertörtchen

500 g Erdbeeren
½ Tasse Zucker
4 fertige kleine Mürbteigböden
Schlagsahne oder Vanilleeis als Beilage

Die Stängel von den Erdbeeren entfernen. Die Beeren waschen und abtropfen lassen. Den Zucker auf einen Teller geben und die Erdbeeren darin wälzen, bis sie leicht mit Zucker überzogen sind.
Eine Teflonpfanne erhitzen. Darin die Erdbeeren 2 Minuten dünsten, bis sie warm sind und der Zucker sich aufgelöst hat. Die Beeren herausnehmen und beiseite stellen. Den verbleibenden Karamellsirup 2 Minuten köcheln lassen.
Die Törtchen auf Tellern anrichten, mit den warmen Erdbeeren belegen, die warme Erdbeersauce darüber gießen und mit Schlagsahne oder Eis sofort servieren. Für 4 Personen.

Pro Portion ca. 685 kcal/2877 kJ
7 g E · 30 g F · 95 g KH

Waffeln mit Vanille-Espresso-Sirup

8 Waffeln
Schlagsahne oder Vanille- oder Mokkaeis als Beilage
Vanille-Espresso-Sirup
1 Tasse frischer starker Espresso
¾ Tasse Zucker
2 Tl Vanilleextrakt

Espresso, Zucker und Vanille in einer Kasserolle bei schwacher Hitze unter Rühren erwärmen, bis sich der Zucker gelöst hat. Die Hitze erhöhen und 8 Minuten lang köcheln lassen, bis die Flüssigkeit von sirupartiger Konsistenz ist.
Die Waffeln aufwärmen oder toasten und auf Teller legen. Den Vanille-Espresso-Sirup darüber gießen und mit Schlagsahne oder Vanille- oder Mokkaeis servieren. Für 4 Personen.

Pro Portion ca. 690 kcal/2898 kJ
7 g E · 43 g F · 70 g KH

Schokoladenküchlein

150 g weiche Butter
1 Tasse Zucker
¾ Tasse Kakao
2 Eier
1 Tasse Mehl
½ Tl Backpulver

Den Backofen auf 180° vorheizen. Butter und Zucker in einer Schüssel schaumig schlagen. Kakao, Eier, Mehl und Backpulver zugeben und mischen. Die Mischung löffelweise in 9 nichthaftende Muffinschalen geben. 10–12 Minuten im Backofen backen. Die Küchlein auf Teller stürzen und warm mit Schlagsahne oder Vanilleeis servieren. Ergibt 9 Küchlein.

Pro Stück ca. 332 kcal/1390 kJ
5 g E · 18 g F · 35 g KH

Schokoladenküchlein

Pochierte Kokosbirnen

2 Tassen Kokosmilch
⅓ Tasse Zucker
1 Zimtstange
4 kleine weiche Birnen, geschält und halbiert

Kokosmilch, Zucker und Zimtstange in einer Kasserolle bei mittlerer Hitze erwärmen. Nicht kochen lassen, da die Kokosmilch sonst gerinnt.
Die Birnen dazugeben und 15 Minuten köcheln lassen, dabei einmal wenden. Die Birnen in Schüsselchen geben und warm mit der Kokosmilch servieren. Für 4 Personen.

Pro Portion ca. 148 kcal/619 kJ
1 g E · 1 g F · 34 g KH

Gedünstete Vanillequitten

2 Tassen Wasser
1 Tasse Zucker
1 Vanilleschote, aufgeschnitten
1 Quitte, geschält und in Scheiben geschnitten

Wasser, Zucker und Vanilleschote in einer Kasserolle unter Rühren erhitzen, bis sich der Zucker aufgelöst hat. Die Quitte dazugeben, das Ganze zudecken und 12 Minuten köcheln lassen, bis die Quitte weich ist. Mit etwas Kochflüssigkeit servieren. Für 2 Personen.

Pro Portion ca. 512 kcal/2148 kJ
1 g E · 1 g F · 128 g KH

Schokoladen-Haselnuss-Blätterteigtaschen

1 Blatt Fertigblätterteig
¼ Tasse geraspelte Bitterschokolade
½ Tl gemahlener Zimt
2 El gehackte geröstete Haselnüsse

Den Backofen auf 220° vorheizen. Den Blätterteig in 4 lange Streifen schneiden. Jeden Streifen zur Hälfte mit Schokolade, Zimt und Haselnüssen bestreuen, dabei einen 1 cm breiten Rand lassen. Die Streifen zusammenfalten, an den Rändern zusammendrücken und auf ein Blech geben. Im Backofen 15 Minuten lang goldbraun backen. Warm oder kalt servieren. Für 4 Personen.

Pro Portion ca. 391 kcal/1640 kJ
5 g E · 26 g F · 30 g KH

Gedämpfter Kokospudding

¾ Tasse Kokosmilch
1¼ Tassen Sahne
3 El Zucker
4 Eigelb
1 Tl fein geriebene Zitronenschale

Kokosmilch, Sahne, Zucker und Eigelb in einer Schüssel mit dem Schneebesen mischen. Die Zitronenschale darunter ziehen. Die Mischung in 4 Auflaufförmchen oder chinesische Teetassen gießen und in ein Bambusdämpfgefäß stellen. Über kochendem Wasser 6–8 Minuten dämpfen, bis die Masse beginnt zu erstarren. Vor dem Servieren 5 Minuten abkühlen lassen. Für 4 Personen.

Pro Portion ca. 387 kcal/1620 kJ
7 g E · 34 g F · 11 g KH

Pochierte Kokosbirnen

Schokoladen-Haselnuss-Blätterteigtaschen

Gedünstete Vanillequitten

Gedämpfter Kokospudding

Minuten

Risotto

Pizza

Tempura

Reispapierröllchen

Suppe

Rösti

Polenta

Maiskuchen

Salsa Verde

Gedämpftes Huhn

Entensalat mit Sternanis

Reispapierröllchen mit Sesamrumpsteak

Engelshaar niçoise

Entensalat mit Sternanis

4 Entenbrüste, vom Fett befreit
⅓ Tasse Rotwein
⅓ Tasse Hühnerbrühe
2 Sternanis*
6 Frühlingszwiebeln, in Streifen geschnitten
175 g Mizuna oder Chinasalat

Die Entenbrüste mit der Haut nach unten in einer vorgeheizten Pfanne bei starker Hitze 10 Minuten braten, bis die Haut braun und knusprig ist. Aus der Pfanne nehmen und das Fett abgießen. Rotwein, Brühe und Sternanis 5 Minuten in der Pfanne kochen und dabei die Flüssigkeit auf die Hälfte reduzieren. Die Ente wieder in die Pfanne geben, mit der ungebratenen Seite nach unten, und bei mittlerer Hitze 4 Minuten ziehen lassen.
Frühlingszwiebeln und Mizuna oder Salatblätter auf Tellern anrichten. Die Entenbrüste in Scheiben schneiden, auf die Garnitur legen und die Sauce aus der Pfanne als warmes Dressing darüber gießen. Für 4 Personen.

Pro Portion ca. 403 kcal/1690 kJ
28 g E · 27 g F · 6 g KH

Reispapierröllchen mit Sesamrumpsteak

1 El Öl
400 g Rumpsteak
1 El Sesamöl
1 El Sojasauce
2 Bündel Blattspinat
2 El Sesamsamen
12 Reispapierblätter*
100 g Erbsensprossen
Sojasauce als Dip

Das Öl in einer Pfanne stark erhitzen. Das Steak darin auf jeder Seite 2–3 Minuten braten. Für 2 Minuten beiseite stellen, dann in dünne Streifen schneiden und in eine Schüssel mit Sesamöl und Sojasauce geben.
Die Spinatblätter in einem Topf mit kochendem Wasser 5 Sekunden blanchieren, abgießen, in kaltem Wasser abschrecken und alle Flüssigkeit ausdrücken. Den Spinat grob hacken und mit den Sesamsamen mischen.
Die Reispapierblätter für 5–10 Sekunden in heißes Wasser tauchen, bis sie weich sind. Herausnehmen und trocken tupfen. Fleisch, Spinat und Erbsensprossen auf die Mitte eines Reispapierblatts geben. Ein Ende über die Füllung falten, dann das Papier von der Seite her aufrollen. Das Ganze mit der restlichen Füllung wiederholen und die Röllchen mit Sojasauce servieren. Für 4 Personen.

Pro Portion ca. 197 kcal/788 kJ
32 g E · 6 g F · 4 g KH

Engelshaar niçoise

400 g frische Capellini *
2 El Chiliöl*
350 g Thunfischsteaks
3 El Limonensaft
2 El Olivenöl
1 Knoblauchzehe, zerdrückt
6 Anchovisfilets, gehackt
200 g grüne Bohnen, blanchiert
¾ Tasse Oliven
¾ Tasse grob gehackte glatte Petersilie

Pasta in einem Topf mit kochendem Wasser al dente kochen.
Inzwischen eine Pfanne stark erhitzen. Das Chiliöl hineingeben und die Thunfischsteaks auf jeder Seite 1 Minute rasch anbraten. Aus der Pfanne nehmen und in Scheiben schneiden. Die Hitze reduzieren und Limonensaft, Olivenöl, Knoblauch und Anchovis 1 Minute in der Pfanne köcheln lassen.
Die Pasta abgießen und mit Thunfisch, Bohnen, Oliven und Petersilie in eine Schüssel geben. Das warme Dressing aus der Pfanne über die Pasta gießen und mischen. Für 4 Personen.

Pro Portion ca. 685 kcal/2877 kJ
32 g E · 30 g F · 72 g KH

Linsensuppe mit Pancetta

1 El Öl
2 Lauchstangen, in Ringe geschnitten
8 Streifen Pancetta*, gehackt
400 g braune Linsen
6 Tassen Hühner- oder Gemüsebrühe
Zusätzlicher Pancetta*
Frisch gemahlener schwarzer Pfeffer und Meersalz

Das Öl in einem Topf bei mittlerer Hitze erwärmen. Lauch und Pancetta 3 Minuten lang darin sautieren. Linsen und Brühe dazugeben und zum Kochen bringen. 15–18 Minuten köcheln lassen, bis die Linsen weich sind.
Inzwischen einige Streifen Pancetta unter einem heißen Grill 1 Minute auf jeder Seite knusprig braten. Die Suppe mit Pfeffer und Salz würzen und in Schalen schöpfen. Mit knusprigem Pancetta garnieren, Zitronenschnitze über der Suppe ausdrücken oder einen Löffel Crème fraîche darauf geben. Für 4 Personen.
Tipp: Zur Suppe statt normalem Brot die einfache Knoblauchbruschetta (Seite 126) servieren.

Pro Portion ca. 373 kcal/1564 kJ
29 g E · 5 g F · 52 g KH

Linsensuppe mit Pancetta

Tabbouleh mit Huhn

Frittierte Krebsschwänze auf Knoblauchspinat

Gebackenes Hühnchen mit Quittenpaste und Prosciutto

Tabbouleh mit Huhn

¾ Tasse Weizenschrot
1½ Tassen kochendes Wasser
1 El Öl
3 Hühnerbrustfilets
250 Rucolablätter (Rauke)
¾ Tasse glatte Petersilie, gehackt
¾ Tasse Minze, gehackt
200 g Kirschtomaten, geviertelt
½ Tasse Pinienkerne, geröstet
3 El Zitronensaft
3 El Olivenöl
Frisch gemahlener schwarzer Pfeffer und Meersalz
Zitronenschnitze zum Garnieren

Den Weizenschrot in einer Schüssel mit kochendem Wasser übergießen. 5 Minuten stehen lassen, bis der Weizen das Wasser aufgenommen hat und weich ist. Das Öl in einer Pfanne bei mittlerer Hitze erwärmen. Die Hühnerfilets darin auf jeder Seite 5 Minuten goldbraun braten; zum Abkühlen beiseite stellen.
Weizen, Rucola, Petersilie, Minze, Tomaten und Pinienkerne in eine Schüssel geben. Das Fleisch in dünne Scheiben schneiden, zum Salat geben und mit Zitronensaft, Olivenöl, Pfeffer und Salz mischen. Mit Zitronenschnitzen servieren. Für 4 Personen.

Pro Portion ca. 365 kcal/1533 kJ
37 g E · 20 g F · 9 g KH

Frittierte Krebsschwänze auf Knoblauchspinat

4 graue (rohe) Riesengarnelen
Reismehl
¼ Tasse Salbeiblätter
Öl zum Frittieren
Knoblauchspinat:
2 Bündel (650 g) Blattspinat
75 g Butter
2–3 Knoblauchzehen, gehackt
Zitronenschnitze zum Garnieren

Die Stängel von den Spinatblättern entfernen und die Blätter in einem Topf mit kochendem Wasser 3 Sekunden blanchieren. Abgießen, die Blätter ausdrücken und beiseite stellen. Das Krebsfleisch in einem Stück aus der Schale lösen. In Reismehl wälzen, überschüssiges Mehl abschütteln. In einer Pfanne Öl zum Frittieren erhitzen. Die Krebsschwänze darin auf jeder Seite 1–2 Minuten goldbraun und knusprig frittieren; auf Küchenkrepp abtropfen lassen. Die Salbeiblätter im Öl 1 Minute knusprig frittieren, abtropfen lassen.
Butter und Knoblauch in einer zweiten Pfanne bei mittlerer Hitze erwärmen, mit dem Spinat verrühren. Auf Tellern anrichten, mit den frittierten Krebsschwänzen und Salbeiblättern belegen und mit Zitronenschnitzen servieren. Für 4 Personen.

Pro Portion ca. 278 kcal/1166 kJ
24 g E · 18 g F · 4 g KH

Gebackenes Hühnchen mit Quittenpaste und Prosciutto

4 Stubenküken à 300 g
4 Lorbeerblätter
2 Tl Fenchelsamen
30 g Quittenpaste*
16 Scheiben Prosciutto*
4 Lauchstangen, halbiert
Olivenöl
Frisch gemahlener schwarzer Pfeffer und Meersalz
1 Tasse trockener Weißwein

Den Backofen auf 240° vorheizen. Ein Lorbeerblatt und etwas Fenchelsamen in jedes Küken geben. Die Beine mit Schnur festbinden. Die Brüste mit Quittenpaste bestreichen. Mit Prosciutto umwickeln.
Die halben Lauchstangen in eine Backform legen, mit etwas Olivenöl beträufeln und mit Pfeffer und Salz bestreuen. Den Wein darüber gießen und dann die Küken auf den Lauch legen.
20 Minuten im Backofen garen lassen. Mit den gebratenen Lauchstangen und gedünstetem Blattgemüse oder einem grünen Salat servieren. Für 4 Personen.

Pro Portion ca. 248 kcal/1043 kJ
26 g E · 10 g F · 5 g KH

Frühlingsrollen mit rosa Thunfisch und Limonen-Sauce

500 g Sashimi-Thunfisch* am Stück
1 El Wasabipaste*
2 El Korianderblätter
2 El gehackte glatte Petersilie
8 Frühlingsrollenblätter
Öl zum Frittieren
2 El Limonensaft
2 El Sojasauce

Den Thunfisch in 2 cm dicke und 10 cm lange Stücke schneiden. Vorsichtig mit etwas Wasabipaste bestreichen und in Koriander und Petersilie wälzen. Jedes Stück Thunfisch in ein Frühlingsrollenblatt einwickeln, die Enden mit etwas Wasser versiegeln.
Die Rollen im heißen Öl 30–45 Sekunden frittieren, bis sie hellbraun sind. Auf Küchenkrepp abtropfen lassen. Limonensaft und Sojasauce mischen und in kleinen Dipschalen mit den Thunfischrollen und einem asiatischen grünen Salat servieren. Für 4 Personen.

Pro Portion ca. 990 kcal/4158 kJ
50 g E · 72 g F · 39 g KH

Frühlingsrollen mit rosa Thunfisch und Limonen-Sauce

Aubergine mit Tomaten-Basilikum-Risotto

Lammfilets mit Couscous

Hühnerbrust auf Süßkartoffelrösti

Weißweinrisotto mit Riesenchampignons

Aubergine mit Tomaten-Basilikum-Risotto

2 kleine junge Auberginen
Olivenöl
Risotto:
2 ½ Tassen Gemüse- oder Hühnerbrühe
2 Tassen Tomatenpüree
1 Tasse trockener Rotwein
1 El Öl
2 Tassen Arborioreis*
⅓ Tasse gehacktes Basilikum
⅓ Tasse geriebener Parmesankäse
Frisch gemahlener schwarzer Pfeffer

Brühe, Tomatenpüree und Wein in einer Kasserolle bei mittlerer Hitze köcheln lassen. Das Öl in einem Topf bei mittlerer Hitze erwärmen. Den Reis darin 1 Minute dünsten, bis er glasig ist. Mit wenig Brühenmischung aufgießen und umrühren. Wenn die Flüssigkeit vom Reis aufgenommen ist, immer wieder etwas Brühe zugeben und umrühren. Während der Reis kocht (etwa 15 Minuten), die Aubergine in Scheiben schneiden und gut mit Öl einpinseln. In einer vorgeheizten Pfanne bei starker Hitze 2 Minuten auf jeder Seite goldbraun braten; warm halten.
Basilikum, Parmesan und Pfeffer in den fertigen Risotto rühren. Die Auberginenscheiben auf Tellern anrichten und den Risotto daraufgeben. Mit einem Löffel Ziegenfrischkäse oder Mascarpone servieren. Für 4 Personen.
Pro Portion ca. 640 kcal/2688 kJ
21 g E · 13 g F · 100 g KH

Hühnerbrust auf Süßkartoffelrösti

4 Hühnerbrustfilets
Meersalz und Pfeffer
Süßkartoffelrösti:
550 g orangefarbene Süßkartoffeln, geschält
2 El Öl
1 Knoblauchzehe, zerdrückt
½ Tasse Parmesankäse, gerieben
Frisch gemahlener schwarzer Pfeffer

Den Backofen auf 220° vorheizen. Die Süßkartoffeln grob raspeln. Mit Öl, Knoblauch, Parmesan und Pfeffer vermischen und auf ein mit Backpapier ausgelegtes Blech geben. Im Backofen 15 Minuten backen.
Inzwischen die Haut des Huhns mit Salz und Pfeffer einreiben. In einer Pfanne bei starker Hitze mit der Haut nach unten 4 Minuten braten. Wenden und eine weitere Minute braten. Die Hühnerfilets auf die Rösti legen und weitere 5 Minuten braten, bis das Huhn gar ist und die Rösti knusprig und goldbraun sind. Mit gedünstetem Blattgemüse servieren. Für 4 Personen.
Pro Portion ca. 328 kcal/1376 kJ
42 g E · 8 g F · 21 g KH

Lammfilets mit Couscous

1 Tasse Couscous
1 Tassen kochende Gemüse- oder Hühnerbrühe
2 El Öl
2 Zwiebeln, in Streifen geschnitten
1 El Thymian
Gewürztes Lamm:
1 El gemahlener Kreuzkümmel
1 Tl Cayennepfeffer
1 El Paprika
500 g Lammfilets, pariert
1 El Öl, zusätzlich

Couscous mit der kochenden Brühe in einer Schüssel zugedeckt 5 Minuten ziehen lassen, bis alle Flüssigkeit aufgenommen ist. Öl in einer Pfanne bei mittlerer Hitze erwärmen. Zwiebeln und Thymian darin 5–7 Minuten sautieren, bis die Zwiebeln gut gebräunt sind. Die Lammfilets in einer Mischung aus Kreuzkümmel, Cayennepfeffer und Paprika wälzen. Das zusätzliche Öl in einer weiteren Pfanne bei mittlerer Hitze erwärmen. Die Filets darin auf jeder Seite 1–2 Minuten braten.
Den Couscous in der Pfanne mit den Zwiebeln erwärmen. Das Lamm in dicke Scheiben schneiden und mit Couscous und Rucolablättern (Rauke) servieren. Für 4 Personen.
Pro Portion ca. 340 kcal/1428 kJ
14 g E · 12 g F · 19 g KH

Weißweinrisotto mit Riesenchampignons

4 Riesenchampginons
Öl
Frisch gemahlener schwarzer Pfeffer
4 Tassen Gemüse- oder Hühnerbrühe
1 ½ Tassen trockener Weißwein
2 El Öl
1 Lauchstange, gehackt
2 Tassen Arborioreis*
3 El Zitronensaft
⅓ Tasse gehacktes Basilikum
½ Tasse geriebener Parmesankäse

Brühe und Wein in einer Kasserolle bei mittlerer Hitze köcheln lassen.
Das Öl in einem Topf bei mittlerer Hitze erwärmen. Lauch und Reis darin 2 Minuten sautieren. Mit etwas Brühe aufgießen und umrühren, bis die Brühe aufgenommen wird. Immer wieder aufgießen und umrühren, bis die Brühe verbraucht und der Reis al dente und cremig ist. Während der Reis köchelt, die Pilze mit Öl einpinseln und mit Pfeffer bestreuen. Unter dem vorgeheizten Grill 5 Minuten weich braten. Zitronensaft, Basilikum und Parmesan unter den Risotto ziehen und auf Suppenteller verteilen. Jeweils einen Pilz darauf setzen. Für 4 Personen.
Pro Portion ca. 575 kcal/2415 kJ
15 g E · 10 g F · 10 g KH

Pasteten mit Spinat und Ricotta

250 g Blattspinat
300 g Ricotta
1 Ei
¼ Tasse geriebener Parmesankäse
2 El gehackter Dill
Frisch gemahlener schwarzer Pfeffer
2 Blatt Fertigblätterteig

Den Backofen auf 220° vorheizen. Den Spinat in einem Topf mit kochendem Wasser 5 Sekunden lang blanchieren, abgießen und in kaltem Wasser abschrecken. Alle Flüssigkeit ausdrücken und den Spinat grob hacken. Mit Ricotta, Ei, Parmesan, Dill und Pfeffer mischen.
Die Blätterteigstücke halbieren. Die Füllung jeweils auf eine Hälfte setzen und die andere darüber falten. Die Ränder zusammendrücken.
Auf ein mit Backpapier belegtes Blech setzen und 15 Minuten goldbraun backen. Mit grünem Salat servieren. Für 4 Personen.
Tipp: Mit überbackenem Tomatensalat (Seite 134) servieren.
Pro Portion ca. 363 kcal/1523 kJ
16 g E · 26 g F · 16 g KH

Risotto mit Kürbis

500 g süßer Kürbis, geschält und gewürfelt
Öl
Meersalz und Pfeffer
Fetarisotto:
5 ½ Tassen Hühner- oder Gemüsebrühe
1 El Öl
2 Tassen Arborioreis*
¼ Tasse gehackter Schnittlauch
¼ Tasse geriebener Parmesan
Frisch gemahlener schwarzer Pfeffer
150 g in Öl eingelegter Feta

Den Backofen auf 220° vorheizen. Die Kürbiswürfel auf ein Blech geben und mit Öl, Salz und Pfeffer vermischen. 20 Minuten weich backen.
Die Brühe in einem Topf bei mittlerer Hitze köcheln lassen. In einem anderen Topf das Öl bei mittlerer Hitze erwärmen. Den Reis darin 1 Minute lang glasig dünsten. Mit etwas Brühe aufgießen und umrühren, bis die Brühe aufgenommen ist. Immer wieder Brühe hinzufügen und umrühren, bis die Brühe aufgebraucht und der Reis cremig ist.
Schnittlauch, Parmesan, Pfeffer und Gurkenwürfel unter den Risotto heben. Auf Teller verteilen und den Feta mit seinem Öl daraufgeben. Für 4 Personen.
Tipp: Mit Eisbergsalat (Seite 134) servieren.
Pro Portion ca. 583 kcal/2447 kJ
19 g E · 16 g F · 89 g KH

Gebratenes Huhn mit Oliven, Zitrone und Kapern

200 g Kirschtomaten, halbiert
⅓ Tasse kleine schwarze Oliven
2 Tl abgeriebene Zitronenschale
2 El eingelegte Kapern, abgespült
2 El Olivenöl
Frisch gemahlener schwarzer Pfeffer und Salz
2 Hühnerbrustfilets

Den Backofen auf 220° vorheizen. Kirschtomaten, Oliven, Zitronenschale, Kapern, Öl, Pfeffer und Salz in eine feuerfeste Form geben.
Das Huhn darauf legen und mit einem Teil der Olivenmischung bedecken. Im Backofen 20 Minuten lang braten, bis das Huhn gar ist, dabei einmal wenden.
Mit gekochten Salzkartoffeln mit Butter oder Blattgemüse servieren. Für 2 Personen.
Pro Portion ca. 320 kcal/1340 kJ
25 g E · 18 g F · 34 g KH

Knusprige Regenbogenforelle mit Selleriepüree

2 El Meersalz
2 Tl frisch gemahlener schwarzer Pfeffer
2 Tl Wacholderbeeren, fein gehackt
2 El Öl
4 kleine Regenbogenforellen, ausgenommen und entschuppt
Selleriepüree:
3 Kartoffeln, geschält und gewürfelt
250 g Sellerie, geschält und gewürfelt
Milch
60 g Butter
Meersalz

Kartoffeln und Sellerie in einem Topf mit Milch bedecken. Bei mittlerer Hitze 8 Minuten sanft köcheln lassen, bis die Kartoffeln und der Sellerie weich sind.
Inzwischen Meersalz, Pfeffer und Wacholderbeeren mischen und die Forelle damit einreiben. Das Öl in einer Pfanne stark erhitzen. Den Fisch darin auf jeder Seite 4–5 Minuten braten, bis die Haut knusprig und das Fleisch weich ist.
Kartoffeln und Sellerie durch ein Sieb abgießen und die Milch beiseite stellen. Die Gemüse in einem Topf mit Butter und Salz verrühren und etwas der Milch darunter heben, bis ein glattes Püree entsteht.
Auf Teller verteilen und die Forellen darauf legen. Mit Zitronenschnitzen und einem einfachen grünen Salat servieren. Für 4 Personen.
Pro Portion ca. 355 kcal/1491 kJ
21 g E · 19 g F · 25 g KH

Pasteten mit Spinat und Ricotta

Risotto mit Kürbis

Gebratenes Huhn mit Oliven, Zitrone und Kapern

Knusprige Regenbogenforelle mit Selleriepüree

Kurz gebratene Jakobsmuscheln auf Zitronen- und Spinatrisotto

Schweinerippchen

Schweinesteaks mit karamellisierten Äpfeln

Kurz gebratene Jakobsmuscheln auf Zitronen- und Spinatrisotto

1 El Öl
Frisch gemahlener schwarzer Pfeffer und Meersalz
16 Jakobsmuscheln, aus der Schale ausgelöst
Zitronen- und Spinatrisotto:
5 ½ Tassen Gemüsebrühe
2 El Öl
2 Tassen Arborioreis*
2 Tl abgeriebene Zitronenschale
200 g Blattspinat
Frisch gemahlener schwarzer Pfeffer und Meersalz
Parmesanraspeln

Die Brühe in einem Topf bei mittlerer Hitze zum Kochen bringen und dann die Hitze reduzieren und köcheln lassen. Das Öl in einem anderen Topf bei mittlerer Hitze erwärmen. Den Reis darin 1 Minute dünsten. Etwas Brühe dazugeben, umrühren, bis die Brühe aufgenommen ist. Immer wieder Brühe hinzufügen und umrühren, bis alle Brühe verbraucht und der Reis weich ist. Mit Pfeffer und Salz würzen und warm halten.
Das Öl in einer Pfanne stark erhitzen. Die Muscheln mit Pfeffer und Salz bestreuen, in die Pfanne legen und auf jeder Seite 20–30 Sekunden braten.
Zitronenschale und gehackten Spinat unter den Risotto ziehen und auf Teller verteilen. Die Muscheln darauf geben und mit Zitronenschnitzen und Parmesan servieren. Für 4 Personen.

Pro Portion ca. 1233 kcal/5177 kJ
70 g E · 49 g F · 127 g KH

Schweinerippchen

8 Schweinerippen, halbiert
2 El Sojasauce
3 El Hoisinsauce*
1 El Chilisauce
1 El brauner Zucker

Den Backofen auf 220° vorheizen. Die Schweinerippchen in einen Bambusdünstkorb legen und 6 Minuten über einem Topf mit kochendem Wasser dämpfen.
Inzwischen Soja-, Hoisin-, Chilisauce und Zucker mischen. Die Rippchen auf einen Rost mit einem Blech darunter legen und auf beiden Seiten mit der Mischung einpinseln. Im Backofen 10 Minuten braten. Die Rippchen mit weiterer Sauce einpinseln, wenden und weitere 10 Minuten braten. Mit gedünstetem Blattgemüse servieren. Für 4 Personen.
Tipp: Ein einfaches Rezept für Blattgemüse mit Austernsauce finden Sie auf Seite 134.

Pro Portion ca. 1048 kcal/4400 kJ
89 g E · 75 g F · 5 g KH

Schweinesteaks mit karamellisierten Äpfeln

4 Schweinesteaks, 1–2 cm dick
2 El Olivenöl
2 El Balsamessig
2 El gehackte Salbeiblätter
Karamellisierte Äpfel:
2 kleine süße rote Äpfel, entkernt und in Scheiben geschnitten
⅓ Tasse brauner Zucker
1 El Butter

Die Steaks in eine flache Schale mit Öl, Essig und Salbei geben und beiseite stellen.
Die Apfelscheiben im braunen Zucker wälzen. Eine große Pfanne bei mittlerer Hitze erwärmen und die Butter hineingeben. Die Apfelscheiben darin 2–3 Minuten auf jeder Seite goldbraun dünsten; warm halten.
In einer anderen Pfanne die Steaks bei starker Hitze ohne Marinade auf jeder Seite 3–5 Minuten braten. Mit den karamellisierten Äpfeln und gedünsteten Blattgemüsen servieren. Für 4 Personen.

Pro Portion ca. 375 kcal/1575 kJ
33 g E · 12 g F · 34 g KH

Maisküchlein mit Prosciuttosalat

2 Maiskolben
1 Tasse Mehl
2 Eier
¾ Tasse Korianderblätter, gehackt
1 Tl gemahlener Kreuzkümmel
1 Tl Backpulver
125 g Blattspinat oder Rucolablätter (Rauke)
½ Tasse halbgetrocknete Tomaten mit Öl
12 Scheiben Prosciutto*
Frisch gemahlener schwarzer Pfeffer

Den Mais in einem Topf mit kochendem Wasser weich kochen. Die Körner auslösen. Mehl, Eier, Korianderblätter, Kümmel, Backpulver und Salz in einem Mixer vermischen. Die Maiskörner dazugeben und grob zerkleinern.
2–3 El der Mischung in einer heißen, eingeölten Pfanne auf jeder Seite 3 Minuten goldbraun backen. Warm halten und weitere Küchlein backen.
Je ein Küchlein auf einen Teller legen und Spinat oder Rucola, Tomaten, Prosciutto und Pfeffer darauf anrichten. Mit dem Öl der Tomaten beträufeln und ein weiteres Küchlein darauflegen. Sofort servieren. Für 4 Personen.

Pro Portion ca. 310 kcal/1302 kJ
16 g E · 7 g F · 44 g KH

Maisküchlein mit Prosciuttosalat

Polenta mit Blauschimmelkäse und Weinfiletsteaks

2 Tassen heißes Wasser
2 Tassen Milch
1 Tasse Instant-Polenta
60 g Butter
Frisch gemahlener schwarzer Pfeffer
150 g weicher, würziger Blauschimmelkäse
Weinfiletsteaks:
1 El Öl
4 Filetsteaks
¾ Tasse Rotwein
¾ Tasse Rinderbrühe

Wasser und Milch in einem Topf zum Kochen bringen. Von der Herdplatte nehmen und langsam die Polenta einrühren. Dann bei schwacher Hitze die Polenta 3 Minuten weich und cremig rühren. Butter, Pfeffer und Salz dazugeben, umrühren und warm halten.
Das Öl in einer Pfanne bei mittlerer Hitze erwärmen. Die Steaks darin auf jeder Seite 3–4 Minuten braten. Aus der Pfanne nehmen und zugedeckt warm halten. Wein und Brühe in die Pfanne geben und auf die Hälfte einkochen. Einen großen Löffel Polenta auf Teller geben und den Blauschimmelkäse darauf anrichten. Mit je einem Steak und der Sauce aus der Pfanne servieren. Für 4 Personen.

Pro Portion ca. 733 kcal/3077 kJ
71 g E · 41 g F · 16 g KH

Thailändischer Hühnersalat

1 El Öl
1 El gehackter Ingwer
1 Stängel Zitronengras*, gehackt
3 rote Chillies, gehackt
500 g durch den Fleischwolf gedrehte Hühnerbrust
¼ Tasse Zitronensaft
1 El Fischsauce*
1 rote Zwiebel, in dünne Streifen geschnitten
1 Tasse Korianderblätter
2 El gehacktes Basilikum
Salatblätter zum Servieren

Das Öl in einer Pfanne stark erhitzen. Ingwer, Zitronengras und Chillies darin 1 Minute sautieren. Das Hühnerfleisch hinzufügen und 5 Minuten braten, dabei die Masse glattrühren.
Das Huhn vom Feuer nehmen und leicht abkühlen lassen. Zitronensaft und Fischsauce mischen und über das Huhn gießen. Zwiebel, Koriander und Basilikum darunter heben. Den Salat in kleinen Schüsseln servieren, dazu knackige Salatblätter auf Untertellern reichen. Für 4 Personen.

Pro Portion ca. 144 kcal/605 kJ
30 g E · 2 g F · 2 g KH

Gebratener Lachs mit Salsa verde

4 Lachsfilets à 150 g
⅓ Tasse gehackter Dill
⅓ Tasse glatte Petersilie, gehackt
⅓ Tasse Minze, gehackt
2 Knoblauchzehen, in Scheiben geschnitten
1 El Dijonsenf
8 Anchovisfilets
3 El eingelegte Kapern, abgespült
⅓ Tasse Olivenöl
2 El Zitronensaft

Den Backofen auf 200° vorheizen. Dill, Petersilie, Minze, Knoblauch, Senf, Anchovis und Kapern im Mixer zu einer glatten Paste verarbeiten. Olivenöl und Zitronensaft untermixen.
Den Lachs in einer feuerfesten Form mit der Salsa verde bestreichen. 6–10 Minuten im Backofen medium-rare braten. Mit gedünstetem Blattgemüse servieren. Für 4 Personen.

Pro Portion ca. 395 kcal/1659 kJ
23 g E · 33 g F · 3 g KH

Lammrippchen mit Zitronengremolatakruste

500 g kleine neue Kartoffeln
Meersalz
Olivenöl
1 Lammrippenstück mit 12 Koteletts
Zitronengremolata:
2 Knoblauchzehen, zerdrückt
⅔ Tasse glatte Petersilie
1 El gehackte eingelegte Zitronenschale*
2 El Olivenöl

Den Backofen auf 220° vorheizen. Die Kartoffeln mit Meersalz und Olivenöl in eine feuerfeste Form geben und durch Schütteln mit Öl überziehen. Im Backofen 15 Minuten backen.
Überschüssiges Fett vom Lamm entfernen. In einer Pfanne bei starker Hitze das Lammfleisch 3 Minuten braten, bis sich die Poren geschlossen haben. Aus der Pfanne nehmen und beiseite stellen. Knoblauch, Petersilie, Zitronenschale und Öl mischen. Das Lamm mit der Gremolata bestreichen und in die Form zu den Kartoffeln geben. 12–15 Minuten braten. Die Kartoffeln auf Tellern anrichten. Das Fleisch in einzelne Koteletts zerlegen und mit gedünstetem Blattgemüse servieren. Für 4 Personen.
Tipp: Die Gremolata mit einem Streifen Alufolie abdecken, damit sie nicht verbrennt.

Pro Portion ca. 868 kcal/3646 kJ
79 g E · 53 g F · 19 g KH

Polenta mit Blauschimmelkäse und Weinfiletsteaks

Gebratener Lachs mit Salsa verde

Thailändischer Hühnersalat

Lammrippchen mit Zitronengremolatakruste

Gedämpftes Zitronengrashuhn mit Reisröllchen

Gedämpftes Zitronengrashuhn mit Reisröllchen

4 Stängel Zitronengras*, längs halbiert
3 Hühnerbrustfilets, längs halbiert
1 El Sesamöl
2 rote Chillies, ohne Samen gehackt
1 Gai Larn (chinesischer Brokkoli), halbiert
300 g einfache Reisnudelröllchen*
Sojasauce zum Servieren

Das Zitronengras in ein Bambusdämpfgefäß legen. Die Filets daraufgeben, mit Sesamöl einpinseln und mit Chilis bestreuen. Das Dämpfgefäß für 3 Minuten zugedeckt in einen Topf mit kochendem Wasser stellen.
Inzwischen Gai Larn und Reisröllchen in ein anderes gleich großes Dämpfgefäß geben und zugedeckt auf das Gefäß mit dem Fleisch stellen. Weitere 5 Minuten dämpfen, bis Huhn und Gai Larn weich sind. Mit Sojasauce in Schüsselchen und Zitronenschnitzen servieren. Für 4 Personen.

Pro Portion ca. 398 kcal/1670 kJ
33 g E · 3 g F · 60 g KH

Tempurafisch mit Chilisalat

Tempura-Ausbackteig (Seite 165)
2 kleine Fische, etwa Makrele oder Forelle, ausgenommen und geschuppt
Mehl zum Bestäuben
Öl zum Frittieren
Chilisalat:
2 große, milde rote Chillies, ohne Samen in Scheibchen geschnitten
½ Gurke, gehackt
½ rote Zwiebel, in Streifen geschnitten
2 El gehackte Korianderblätter
2 El gehackte Minze
1 El Zitronensaft
1 El Sojasauce

Chillies, Gurke, Zwiebeln, Koriander, Minze, Zitronensaft und Sojasauce mischen und beiseite stellen.
Den Fisch leicht mit Mehl bestäuben, überschüssiges Mehl abschütteln. In den Ausbackteig tauchen und in einem Wok mit heißem Öl bei starker oder mittlerer Hitze auf jeder Seite 5 Minuten goldbraun und knusprig frittieren. Auf Küchenkrepp abtropfen lassen und mit dem Chilisalat servieren. Für 4 Personen.

Pro Portion ca. 320 kcal/1344 kJ
20 g E · 14 g F · 29 g KH

Parmesanpolenta mit in Knoblauchöl gegrillten Gemüsen

2 Tassen heißes Wasser
2 Tassen Milch
1 Tasse Fertigpolenta
⅓ Tasse geriebener Parmesankäse
60 g Butter
Frisch gemahlener schwarzer Pfeffer und Meersalz
In Knoblauchöl gegrilltes Gemüse:
½ Tasse Olivenöl
3 Knoblauchzehen, gehackt
Frisch gemahlener schwarzer Pfeffer und Salz
2 Paprikaschoten, halbiert
2 Zucchinis, halbiert
2 Radicchioherzen, halbiert

Wasser und Milch in einem Topf zum Kochen bringen. Vom Feuer nehmen und langsam die Polenta einrühren. Bei mittlerer Hitze 3 Minuten rühren, bis die Polenta weich und cremig ist. Parmesan, Butter, Pfeffer und Salz dazugeben, umrühren und warm halten.
Öl, Knoblauch, Pfeffer und Salz vermischen. Die Gemüse damit gut einstreichen und unter dem vorgeheizten Grill 2–3 Minuten auf jeder Seite goldbraun braten. Die Gemüse mit der Parmesanpolenta servieren. Für 4 Personen.

Pro Portion ca. 595 kcal/2499 kJ
10 g E · 54 g F · 18 g KH

Pfannengerührtes Schweinefleisch und Shiitakepilze

2 Tl Sesamöl
2 Tl Öl
2 El gehackter Ingwer
2 Knoblauchzehen, in Scheibchen geschnitten
500 g Schweinefilet, in Scheiben geschnitten
Maismehl
200 g frische Shiitakepilze*
½ Tasse chinesischer Kochwein* oder Sherry
3 El Sojasauce
8 Blätter Chinakohl

Das Öl in einem Wok oder einer Pfanne stark erhitzen. Ingwer und Knoblauch darin 1 Minute sautieren. Das Fleisch im Maismehl wälzen, überschüssiges Mehl abschütteln. In der Pfanne 4 Minuten braten.
Pilze, Wein, Sojasauce und Chinakohl dazugeben und 3–4 Minuten pfannenrühren, bis Pilze und Kohl weich sind. Mit Reis und gehackten Chillies in Schüsselchen servieren. Für 4 Personen.

Pro Portion ca. 252 kcal/1055 kJ
30 g E · 8 g F · 5 g KH

Tempurafisch mit Chilisalat

Parmesanpolenta mit gegrillten Gemüsen in Knoblauchöl

Pfannengerührtes Schweinefleisch und Shiitakepilze

Pochiertes Huhn in Ingwerbrühe

5 Tassen Geflügelbrühe
2 El gehackter Ingwer
2 Korianderwurzeln
350 g Süßkartoffeln, geschält und in Scheiben geschnitten
4 Hühnerbrustfilets, längs halbiert
3 Frühlingszwiebeln, in Streifen geschnitten

Geflügelbrühe, Ingwer und Korianderwurzeln in einer Pfanne bei mittlerer Hitze 2 Minuten köcheln lassen.
Die süßen Kartoffeln dazugeben und 4 Minuten köcheln lassen. Die Filets hinzufügen und weitere 5 Minuten dünsten, bis das Huhn und die Kartoffeln weich und zart sind.
Huhn und süße Kartoffeln in Suppentellern anrichten und die Ingwerbrühe darüber geben. Mit Frühlingszwiebeln bestreuen und servieren. Für 4 Personen.

Pro Portion ca. 543 kcal/2279 kJ
58 g E · 24 g F · 23 g KH

Pizza mit Tomaten, Oliven und Rosmarin

1 Portion Hefeteig (Seite 179)
oder 4 fertige Pizzateigböden
Öl
Belag:
6 Bocconcini*, in Scheiben geschnitten
300 g Kirschtomaten, halbiert
⅓ Tasse kleine Oliven
⅓ Tasse Kapernbeeren*
2 El Rosmarin
12 Scheiben Prosciutto oder gekochter Schinken
Frisch gemahlener schwarzer Pfeffer

Den Backofen auf 220° vorheizen. Zwei Bleche, auf denen die Pizze Platz haben, im Backofen erwärmen. Frischen Teig in 4 Stücke teilen und auf einer leicht bemehlten Oberfläche 2–3 mm dünn ausrollen.
Die Pizzaböden auf Backpapier setzen und gut mit Öl einpinseln. Mit Mozzarella, Tomaten, Oliven, Kapern, Rosmarin, Prosciutto und Pfeffer belegen.
Die Pizze vom Papier auf die heißen Bleche gleiten lassen und in den Backofen schieben. 15 Minuten backen, bis die Kruste goldbraun ist. Mit grünem Salat servieren.
Für 4 Personen.
Tipp: Für dieses Rezept kann auch Mürbteig verwendet werden. Die Belagzutaten auf einen blind gebackenen Mürbteigboden mit Pfeffer und Senf oder Parmesan (Seite 173) geben und 10–15 Minuten backen.

Pro Portion ca. 323 kcal/1355 kJ
26 g E · 18 g F · 14 g KH

Roastbeef mit süßem Kürbis

8–12 Schnitze süßer Kürbis
3 Pastinaken, geschält und halbiert
2 El Öl
Meersalz und frisch gemahlener schwarzer Pfeffer
600 g Rumpsteak
1 Sträußchen Zitronenthymian

Den Backofen auf 220° vorheizen. Kürbis, Pastinaken, Öl, Salz und Pfeffer in einer feuerfesten Form mischen und im Ofen 15 Minuten garen lassen.
In einer Pfanne bei starker Hitze das Rumpsteak auf jeder Seite 1 Minute scharf anbraten, bis es gut gebräunt ist und die Poren geschlossen sind. Den Zitronenthymian in die Form zum Kürbis geben und das Rumpsteak darauf legen. Im Ofen 15 Minuten braten, bis das Fleisch gar und der Kürbis goldbraun ist. Für 4 Personen.

Pro Portion ca. 268 kcal/1124 kJ
46 g E · 8 g F · 3 g KH

Steaktoast mit geröstetem Knoblauch

1 El Öl
1 Zwiebel, in Ringe geschnitten
8 dicke Tomatenscheiben
8 dünne Filetsteaks
8 Weißbrotscheiben, getoastet
Gerösteter Knoblauch:
2 Knoblauchknollen, halbiert
Olivenöl
Meersalz

Den Ofen auf 240° vorheizen. Die Knoblauchknollenhälften in eine kleine feuerfeste Form geben und mit Öl beträufeln und salzen. 20 Minuten zugedeckt dünsten lassen, bis der Knoblauch weich ist. Inzwischen das Öl in einer Teflonpfanne stark erhitzen. Die Zwiebelringe darin 3–4 Minuten goldbraun rösten; beiseite stellen.
Die Tomatenscheiben in der Pfanne 2 Minuten auf jeder Seite braun braten; beiseite stellen.
Die Steaks in der Pfanne 1 Minute auf jeder Seite braten. Herausnehmen, Zwiebelringe und Tomatenscheiben in die Pfanne zurückgeben und erwärmen.
Zwiebeln, Tomaten und Steaks auf 4 Brotscheiben anrichten. Mit dem gerösteten Knoblauch bestreichen, mit je einer Brotscheibe belegen und servieren. Für 4 Personen.

Pro Portion ca. 598 kcal/2510 kJ
94 g E · 14 g F · 24 g KH

Pochiertes Huhn in Ingwerbrühe

Roastbeef mit süßem Kürbis

Pizza mit Tomaten, Oliven und Rosmarin

Steaktoast mit geröstetem Knoblauch

Pflaumentörtchen

Parmesanmürbchen

Karamellisierte Früchte

Pflaumentörtchen

125 g weiche Butter
½ Tasse Zucker
2 Eier
1 Tl Vanillemark
¾ Tasse gemahlene Mandeln
⅓ Tasse Mehl
4 große Pflaumen, entsteint

Den Backofen auf 200° vorheizen. Butter und Zucker in der Küchenmaschine mischen. Eier, Vanillemark, Mandeln und Mehl dazugeben und verarbeiten.
Pflaumen in feuerfeste Schälchen geben. Die Mischung um die Pflaumen herum einfüllen und im Backofen 15–20 Minuten backen, bis die Füllung aufgegangen und goldbraun ist. Für 4 Personen.
Pro Portion ca. 833 kcal/3497 kJ
17 g E · 53 g F · 72 g KH

Parmesanmürbchen

125 g Butter
1 Tasse Mehl
⅓ Tasse geriebener Parmesankäse
1 Tl frisch gemahlener schwarzer Pfeffer

Den Ofen auf 170° vorheizen. Butter, Mehl, Parmesan und Pfeffer zu einem glatten Teig verarbeiten.
Die Mürbteigmischung auf nichthaftende Muffinförmchen verteilen. 15–20 Minuten hellbraun backen.
Auf einem Drahtgitter abkühlen lassen und nach dem Essen mit Käse und Quittenpaste* servieren. Ergibt 16 Mürbchen.
Pro Stück ca. 93 kcal/390 kJ
2 g E · 7 g F · 5 g KH

Karamellisierte Früchte

2 Nektarinen oder Pfirsiche, halbiert
4 große Pflaumen, halbiert
2 El Zucker

Den Backofen auf 220° vorheizen. Nektarinen oder Pfirsiche und Pflaumen in eine mit Backpapier ausgelegte feuerfeste Form geben. Mit dem Zucker bestreuen und im Backofen 20 Minuten karamellisieren lassen. Die Früchte mit Schlagsahne oder Vanilleeis servieren. Für 4 Personen.
Pro Portion ca. 92 kcal/387 kJ
1 g E · 1 g F · 20 g KH

Panettonetoast mit Rosinen und gegrilltem Ricotta

⅓ Tasse Marsala
⅓ Tasse Rosinen oder Sultaninen
8 Scheiben Panettone
100 g frischer Ricotta
Puderzucker

Den Marsala in einer Kasserolle bei mittlerer Hitze zum Köcheln bringen. Die Rosinen dazugeben, von der Platte nehmen und stehen lassen, bis die Rosinen den Marsala aufgenommen haben.
Die Rosinen auf 4 Panettonescheiben verteilen, dann mit dem Ricotta und den restlichen Panettonescheiben belegen. Mit Puderzucker bestreuen und auf dem heißen Grill oder in einer Grillpfanne auf jeder Seite 1 Minute goldbraun rösten. Mit einem guten Dessertwein oder Likör servieren. Für 4 Personen.
Tipp: Mit Vanillekaffee (Seite 118) servieren.
Pro Portion ca. 480 kcal/2016 kJ
9 g E · 26 g F · 52 g KH

Panettonetoast mit Rosinen und gegrilltem Ricotta

Kokosreis mit Limonensirup

1 Tasse Langkornreis
2 ½ Tassen Wasser
¾ Tasse Kokossahne
2 El Zucker
Limonensirup:
¼ Tasse gemahlener dunkler Palmzucker*
½ Tasse Wasser
¼ Tasse Limonensaft
1 El gehackte Limonenschale
Eisgekühlte Kokossahne zum Servieren

Den Reis in einem Sieb gut waschen. Mit Wasser in einem Topf bei mittlerer Hitze zum Kochen bringen. 10 Minuten köcheln lassen, bis fast alles Wasser aufgenommen ist. Kokossahne und Zucker dazugeben, den Topf zudecken und bei ganz geringer Hitze 5 Minuten ziehen lassen.
Inzwischen Palmzucker, Wasser, Saft und Limonenschale in einer Kasserolle bei mittlerer Hitze 4 Minuten kochen, bis die Mischung zu Sirup geworden ist.
Kokosreis in Schüsseln anrichten und den Sirup darüber geben. Mit eisgekühlter Kokossahne servieren.
Für 4–6 Personen.

Pro Portion ca. 274 kcal/1148 kJ
3 g E · 11 g F · 37 g KH

Kokos-Schokoladen-Törtchen

2 Eiweiß
½ Tasse Zucker
2 Tassen Kokosraspeln
Füllung:
1¼ Tassen Sahne
300 g Bitterschokolade, gehackt

Den Backofen auf 180° vorheizen. Eiweiß, Zucker und Kokosraspeln in einer Schüssel mischen. Die Mischung mit feuchten Händen oder einem Löffel in 8 Muffinförmchen geben, so dass sie den Boden und die Seiten bedeckt und ein Schälchen bildet. Im Backofen 8–10 Minuten backen, bis die Schälchen sich goldbraun färben. 1 Minute abkühlen lassen, aus den Förmchen nehmen und auf ein Drahtgitter geben.
Inzwischen die Füllung zubereiten. Die Sahne in einer Kasserolle fast zum Kochen bringen. Vom Herd nehmen. Die gehackte Schokolade dazugeben und umrühren, bis sie sich aufgelöst hat und die Masse glatt ist.
Die Füllung in die Kokostörtchenschalen geben und im Gefrierschrank 10 Minuten erstarren lassen. Mit Kaffee oder Beeren als Dessert servieren. Ergibt 8 Törtchen.

Pro Stück ca. 439 kcal/1839 kJ
7 g E · 30 g F · 33 g KH

Pfannkuchen mit Zimtkruste

1 Portion Pfannkuchenteig (Seite 164)
½ Tasse Zucker
1 El gemahlener Zimt
60 g geschmolzene Butter

3–4 Esslöffel Pfannkuchenteig in eine Teflonpfanne geben und bei mittlerer Hitze auf beiden Seiten goldbraun backen. Den Pfannkuchen aus der Pfanne nehmen, warm halten und den restlichen Teig ebenso verarbeiten.
Zucker und Zimt in einer flachen Schale mischen. Die Pfannkuchen auf beiden Seiten mit geschmolzener Butter einpinseln und in der Zucker-Zimt-Mischung wälzen.
Die Pfannkuchen in einer Teflonpfanne 45 Sekunden bei starker Hitze backen, bis der Zucker karamellisiert. Auf einem Teller warm halten.
Die Pfannkuchen als kleinen Stapel mit einer Schüssel Vanilleeis servieren. Für 4–6 Personen.

Pro Portion ca. 212 kcal/890 kJ
3 g E · 15 g F · 16 g KH

Passionsfrucht-Käse-Küchlein

4 kleine Mürbteigböden
Belag:
250 g Ricotta
250 g Schmelzkäse, gehackt
2 Eier
½ Tasse Zucker
2 El Limonensaft
⅔ Tasse frisches Passionsfruchtmark

Den Backofen auf 160° vorheizen. Die Mürbteigböden in Auflaufförmchen geben. Ricotta, Schmelzkäse, Eier, Zucker und Limonensaft im Mixer zu einer glatten Mischung verarbeiten.
Das Passionsfruchtmark darunter rühren und dann auf die Auflaufförmchen verteilen. Im Backofen 15 Minuten backen, bis die Füllung fest ist. Warm oder kalt servieren.
Für 4 Personen.

Pro Portion ca. 993 kcal/4169 kJ
24 g E · 70 g F · 68 g KH

Kokosreis mit Limonensirup

Kokos-Schokoladen-Törtchen

Pfannkuchen mit Zimtkruste

Passionsfrucht-Käse-Küchlein

Häppchen + Beilagen

Morgens

Frühstückssandwich

Porridge mit Beeren

Gegrillte Zimt-Zucker-Doughnuts

Morgens

Frühstückssandwich

mit knusprigem Speck, gegrillter Tomatenscheibe, Blattspinat und altem Cheddar. Alles zwischen getoastete Weiß- oder Graubrotscheiben geben. In Papierservietten einhüllen und im Wohnzimmer, auf Balkon oder Terrasse servieren, wo Sie die Morgensonne bei frischem Saft, Kaffee und einer Zeitung genießen können.

Porridge mit Beeren

– eine Sommerköstlichkeit auch im Winter! Auf dampfend heißen Porridge (Haferbrei) gefrorene Heidel- und Himbeeren geben – aus dem Supermarktgefrierschrank –, mit braunem Zucker bestreuen und etwas Milch umkränzen. Die Beeren tauen im heißen Porridge im Nu auf und geben dem Brei die richtige Esstemperatur.

Gegrillte Zimt-Zucker-Doughnuts

sind ein typisches Frühstück für Großstädter. Fertige Zimt-Zucker-Doughnuts in eine Grillpfanne geben und mit einem Teller beschweren. 2 Minuten auf jeder Seite rösten, bis der Zucker karamellisiert und der Doughnut knusprig getoastet ist. Mit einem guten starken Kaffee genau das Richtige vor einem anstrengenden Tag.

Melonen- und Kokosfrappés

sind an einem heißen Sommermorgen herrlich erfrischend. Einfach Honigmelonenwürfel mit ein paar Blättchen Minze, einem Schuss Kokossahne und viel Eis glatt mixen und als sommerlichen Muntermacher in hohe Gläser gießen.

Gebackene Eier

sind einfach und köstlich. Ein paar kleine Schüsseln mit blanchiertem Blattspinat auslegen und mit Meersalz und frisch gemahlenem schwarzem Pfeffer bestreuen. Ein Ei in die Mitte schlagen und 12–16 Minuten im auf 180° vorgeheizten Backofen backen. Mit heißem, gebuttertem Toast servieren. Sie können in die Schüsseln auch sautierte Pilze oder Scheiben von altem Cheddar legen.

Birchermüsli

ist ganz einfach zuzubereiten. 2 Tassen Müsli mit Körnern, Obst und Nüssen in eine Schüssel geben. 1 Tasse Sahne und 1 Tasse Milch darüber gießen und über Nacht in den Kühlschrank stellen. Mit frisch aufgeschnittenem Obst und zusätzlicher Milch servieren.

Joghurt mit gerösteten Pistazien

und Honig ist eine perfekte Kombination. Geben Sie etwas dicken, süßen Honig in kleine Gläser oder Schüsseln, streuen Sie grob gehackte, geröstete Pistazien darüber und gießen Sie dann viel sahnigen Joghurt dazu. Führen Sie Ihren Löffel am Rande des Glases oder der Schüssel bis zum Boden und ziehen Sie ihn dann wieder mit Honig, Nüssen und Joghurt heraus, um alle drei Aromen zu genießen.

Vanillekaffee

Reiner Vanilleextrakt verleiht einem guten starken Kaffee einen lieblichen Geschmack. Geben Sie ein oder zwei Tropfen Vanilleextrakt in Ihren Morgenkaffee, bevor Sie Milch hinein gießen. Ein reichlicher Teelöffel voll Extrakt auf einen starken Espresso gibt den richtigen Kick nach dem Abendessen. Reiner Vanilleextrakt, der dick und scharf ist, hat das beste Aroma.

Rhabarber und Ricotta

auf getoastetem warmem Rosinen- und Zimtbrot. Den Toast dick mit sahnigem frischem Ricotta bestreichen. Mit Rhabarberstückchen belegen, die in Orangensaft geköchelt wurden. Etwas Honig oder Ahornsirup darüber träufeln und rasch essen, damit der knusprige Toast nicht durchweicht.

Melonen- und Kokosfrappé

Gebackene Eier

Birchermüsli

Joghurt mit gerösteten Pistazien und Honig

Vanillekaffee

Toast mit Rhabarber und Ricotta

Lunchbox

Kleine Frittatas

Thaibaguette mit Kräutern und Hühnchen

Lunchboxpasteten

Lunchbox

Kleine Frittatas

eignen sich heiß oder kalt gut für ein Picknick oder für unterwegs. Eine gute Grundmischung besteht aus 6 Eiern, 1 Tassen Sahne und frisch gemahlenem Pfeffer. Dazu kommen so gute Zutaten wie knuspriger Speck, Petersilie, Reibkäse, Pesto, gerösteter Kürbis oder Kartoffelstückchen. Die Mischung in nichthaftende Muffinförmchen gießen und 20–30 Minuten bei 180° backen, bis die Frittatas fest sind.

Thaibaguette mit Kräutern und Hühnchen

ist eine neue Spielart des Hühnchensandwichs mit Mayo. Ciabata*scheiben werden mit pikanten Thaikräutern wie Basilikum, Minze und Koriander und Scheibchen von gegrilltem Huhn belegt. Danach mit Zitronensaft und Pfeffer vermischter Mayonnaise bestreichen.

Lunchboxpasteten

Schneiden Sie Blätterteigkreise aus und belegen Sie sie mit gekochtem Huhn und gerösteter Süßkartoffel oder Scheiben von Lammbraten und Chutney. Bedecken Sie sie mit größeren Teigkreisen. Drücken Sie die Ränder zusammen und backen Sie sie 20 Minuten auf einem Backblech bei 200° goldbraun. Warm oder kalt mit einem Erfrischungs- oder Milchmixgetränk servieren.

Chilibohnen-Tortillasandwiches

sind ein pikanter, knuspriger Snack. Mischen Sie Ihre Lieblingsbohnen mit Chilisauce und streichen Sie sie auf eine Tortilla. Mit Reibkäse bestreuen und mit einer weiteren Tortilla bedecken. In eine eingefettete Pfanne geben, mit einem Teller und einem Gewicht (einer großen Dose) beschweren und knusprig braten. Die Tortilla wenden und weiterbraten, bis beide Seiten knusprig sind und die Füllung warm ist.

Einfaches Tomatensandwich

aus reifen Tomatenscheiben, Ihrem Lieblingskäse, zerzupften Basilikumblättern, Meersalz und frisch gemahlenem schwarzem Pfeffer. Das richtige Sandwich, bei dem nur zwei Entscheidungen zu treffen sind: welches Brot und welcher Käse.

Gegrilltes Huhn mit Limone und Chili

– und dazu gekühlter Champagner. Die in Chilisauce und Limonensaft marinierten Hühnerstücke unter dem heißen Grill zart und knusprig braun braten. In Boxen mit genügend Servietten und gut gekühlten Piccoloflaschen Champagner legen. Beim Picknick werden alle Sie beneiden!

Schokoladentörtchen

sind ein guter Ersatz für Mungobohnenröllchen, Tofusandwiches und Bananensojadrinks. Füllen Sie Ihre Lunchbox mit Schokoladentörtchen, Lollies und Pralinen. Trauen Sie sich ruhig – Ihre Freunde werden begeistert sein. Backen Sie die Törtchen (Rezept Seite 78) in Pastetenförmchen.

Risottoküchlein

lassen sich leicht aus Resten Ihres Lieblingsrisottos bereiten. Formen Sie mit der Hand aus dem abgekühlten Risotto Küchlein. Drücken Sie ein Stück Mozzarella oder marinierten Feta in die Mitte und umschließen Sie es mit Risotto. Frittieren Sie die Küchlein in heißem Öl goldbraun und knusprig und lassen Sie sie auf Küchenkrepp abtropfen. Mit einem einfachen grünen Salat oder zu Drinks servieren.

Klebriger Bananenreis

lässt sich, in Papier eingerollt, überallhin mitnehmen. Langkornreis kochen. ⅓ Tasse Kokossahne und Zucker dazugeben und den heißen Reis 4 Minuten ziehen lassen. Auf nichthaftendes Papier oder Bananenblätter in Form eines flachen Rechtecks streichen. Etwas fein gehackte Banane oder Mango in die Mitte geben und das Obst mit weiterem Reis bedecken. Das Papier oder Bananenblatt zusammenrollen.

Chilibohnen-Tortillasandwiches

Einfaches Tomatensandwich

Gegrilltes Huhn mit Limone und Chili

Schokoladentörtchen

Risottoküchlein

Klebriger Bananenreis

Schnelle Happen

Knoblauchbruschetta

Chilipopcorn

Käseecken

Schnelle Happen

Knoblauchbruschetta

aus einem guten Holzofenbrot, das mit Olivenöl beträufelt, goldbraun und knusprig gegrillt und dann mit einer Knoblauchzehe oder einer Handvoll Basilikum eingerieben wird. Mit dünnen Scheiben reifer Tomaten und Olivenscheibchen, Ziegenquark oder einem Salat von zerzupftem Rucola (Rauke), roter Zwiebel und Kapern belegen. Schmeckt zu jeder Zeit.

Chilipopcorn

schmeckt herrlich beim Videogucken oder zu kaltem Bier. Etwas Popcorn in einer heißen Pfanne mit Butter, Meersalz und Chilipulver mischen, während das Popcorn noch heiß ist. Großartig für jede Menge Naschkatzen, da Sie eine Riesenschüssel minutenschnell zubereiten können.

Käseecken

Bei einem einzigen Käse gibt es keine Geschmacksmischungen oder –kollisionen, und ein großer Käse kann allein ein einfaches Abendbrot bestreiten. Ein herzhafter Blauschimmel oder ein reifer Brie – kaufen Sie stets die beste Qualität. Dazu passen am besten einfache Dinge wie Kräcker, Waffeln, getrocknete persische Feigen oder sonnengereifte Birnen. Und der richtige Wein: Blauschimmel verträgt sich bestens mit einer süffigen Riesling-Spätlese, Brie mit einem pfeffrigen jungen Pinot Noir.

Doppeldeckertoasts

sind die idealen schnellen Happen. Einfach belegen mit Käse wie Gruyère und Cheddar, Resten von gebratenem Huhn oder Lammbraten mit Zwiebelpüree, einem ganzen Ei mit Rauchschinken und Senf – und eine schnellen Füllung für einen Sonntagnachmittag: Rauchschinken, Cheddar und Ananas. Gelingt am besten in einem Sandwichtoaster.

Gedämpfte Schweinebrötchen

kaufen Sie am besten in der Gefrierabteilung eines Asia-Supermarkts. Direkt aus dem Gefrierfach 10–15 Minuten über sprudelnd kochendem Wasser dämpfen und mit scharfer Chilisauce servieren. Probieren Sie die verschiedenen Marken aus: Cha Sui-Buns oder Barbecue Pork Buns.

Ziegenquark

mit etwas fruchtigem Olivenöl und einem Spritzer Zitronensaft aromatisiert – das ist vielleicht genau das Richtige zu Ihrem Glas Rotwein. Mit warmem Brot oder Kräckern servieren.

Gewürzter Ricotta mit gegrillten Feigen

wird aus frischem, sahnigem Ricotta bereitet, den Sie mit gemahlenem Zimt und frisch geriebener Muskatnuss mischen. Mit etwas Zucker süßen und dick geschnittenes und getoastetes Früchtebrot damit bestreichen. Das Ganze mit Feigenscheiben krönen und mit braunem Zucker bestreuen. Unter den heißen Grill stellen, bis der Zucker karamellisiert und die Feigen warm sind.

Warmer Räucherlachssalat

auf knackigen Salatblättern und Kerbel. Zupfen Sie mit der Gabel große Stücke Lachs direkt vom warmen Filet ab. Geben Sie eine simple Zitronen- und Ölvinaigrette darüber und servieren Sie dazu Scheiben von würzigem Sauerteigbrot.

Kokosmakronen

lassen sich ohne großen Aufwand zubereiten. Nehmen Sie den Kokosschälchenteig (Rezept auf Seite 112) und drücken Sie mit einem großen Löffel Bällchen davon auf ein mit Backpapier ausgelegtes Blech. Flachen Sie sie oben leicht ab und stellen Sie sie für 10–15 Minuten in den auf 180° vorgeheizten Backofen, bis sie goldbraun sind. Mit Kaffee oder heißer Schokolade servieren.

Doppeldeckertoasts

Gedämpfte Schweinebrötchen

Ziegenquark

Gewürzter Ricotta mit gegrillten Feigen

Warmer Räucherlachssalat

Kokosmakronen

Abends

Käsemakkaroni

Resteomelett

Bunte Platte

Abends

Käsemakkaroni

ist ein absolut bequemes Essen. Ein paar Hand voll Makkaroni in kochendem Wasser al dente kochen, abgießen und mit etwas Sahne oder Milch, Senf und frisch gemahlenem schwarzem Pfeffer in den Topf zurückgeben. Bei schwacher Hitze 2 Minuten umrühren, dann mit etwas gehackter glatter Petersilie mischen und in feuerfeste Schüsseln geben. Mit Reibkäse und viel Pfeffer bestreuen. Überbacken, bis der Käse geschmolzen und goldbraun ist.

Resteomelett

– die Spezialität meines Vaters für Sonntagabend. Sie können fast alles aus dem Kühlschrank nehmen, was wie ein Rest aussieht: Bratkartoffeln, Kürbis, Lammbraten, Käse, Tomaten usw. Bei mittlerer Hitze in einer Pfanne erwärmen. Eier aufschlagen und mit Salz und Pfeffer würzen. In die Pfanne geben und umrühren, bis die Eimischung fest wird. Dann kurz unter den Grill stellen. In Stücke schneiden und mit heißem Buttertoast servieren.

Bunte Platte

mit leckeren Happen – ein absolut entspanntes Abendbrot: eine Ecke gebackenen Ricotta, hauchdünnen Pancetta oder Prosciutto, Tomatensalat mit Basilikum und roten Zwiebeln, Hommus oder Baba ghanoush, marinierte Oliven und diverse Brotsorten. Zur Abrundung ein Glas Rotwein.

Entenpfannkuchen

sind leicht zuzubereiten, wenn Sie ein wenig mogeln und eine Pekingente beim Chinesen kaufen und sie gleich zerlegen lassen. Im Asia-Supermarkt kaufen Sie noch einige Pfannkuchen aus der Tiefkühltruhe. Servieren Sie die Ente warm mit den erwärmten Pfannkuchen, in Streifen geschnittenen Frühlingszwiebeln und Hoisinsauce.

Ravioli auf Blattspinat

stehen im Handumdrehen auf dem Tisch. Legen Sie Pastaschüsseln mit Spinat- oder Rucolablättern (Rauke) aus. Lassen Sie frische Ravioli in kochendem Wasser garen. Abgießen und auf den Spinat- oder Rucolablättern anrichten und mit einem Stück Butter, frisch gemahlenem schwarzem Pfeffer und Parmesan servieren.

Knusprige Reibekuchen mit Lachs

– einfach und köstlich. 2 große geschälte Kartoffeln in eine Schüssel reiben und mit 2 El geschmolzener Butter und 1 El gehacktem Dill oder Petersilie mischen. Die Mischung löffelweise in einer Pfanne in Öl schwimmend ausbacken. Auf Tellern anrichten und mit Räucherlachs oder -forelle, Brunnenkresse oder ähnlichen Kräutern und Crème fraîche belegen.

Spaghetti mit Chilis, Knoblauch und Zitrone

sind minutenschnell zubereitet. Einfach etwas Pasta kochen und abgießen. Ein paar El fruchtiges Olivenöl, gehackte Chillies, in Scheibchen geschnittenen Knoblauch und etwas abgeriebene Zitronenschale in einer Pfanne sautieren. Mit der gekochten Pasta vermischen.

Steaktoast

mit braunen Zwiebelringen und scharfem Senf gehört zu den Dingen, auf die ich manchmal Appetit habe. Dicke Scheiben Weißbrot goldbraun toasten. Ein paar Scheiben Rumpsteak in einer sehr heißen Pfanne mit einigen Zwiebelringen braten. Auf dem Toast mit Senf und grünem Salat anrichten. Mit knusprigen Bratkartoffeln servieren, wenn Sie richtig Hunger haben.

Falsche Sushi

sind leicht zuzubereiten. Den Sushireis aus 1 Tasse Kurzkornreis und 2 Tassen Wasser bei starker Hitze kochen, bis das Wasser aufgenommen ist. Vom Herd nehmen und 5 Minuten zugedeckt ziehen lassen. In einer Glas- oder Keramikschüssel mit 3 El Reisessig und etwas Meersalz verrühren. Noriblätter (Tang) in Quadrate schneiden und mit etwas Reis und Ihren Lieblings-Sashimihäppchen belegen. Mit Sojasauce und Ingwer servieren.

Entenpfannkuchen

Ravioli auf Blattspinat

Knusprige Reibekuchen mit Lachs

Spaghetti mit Chillies, Knoblauch und Zitrone

Steaktoast

Falsche Sushi

Beilagen

Spargel mit Balsamicobutter

Püree mit geröstetem Knoblauch

Warmes Walnussdressing auf Rucola

Beilagen

Spargel mit Balsamicobutter

ist die perfekte Beilage für viele Gerichte. Einfach eine große Menge Butter bei mittlerer Hitze in einer Pfanne zerlassen. Etwas Balsamessig und ein paar Stangen geputzten grünen Spargel dazugeben. Dünsten, bis der Spargel weich ist, und mit Parmesankäse und frisch gemahlenem schwarzem Pfeffer servieren.

Püree mit geröstetem Knoblauch

und Sahne und Butter. Eine halbierte Knoblauchknolle in einer feuerfesten Schale mit Olivenöl beträufeln und im Backofen etwa 30 Minuten garen. Nun den weichen Knoblauch aus den Schalen drücken. Geschälte und gewürfelte Kartoffeln (vorzugsweise mehlig kochende) weich kochen. Durch die Kartoffelpresse drücken und mit Butter, Meersalz, Sahne und viel Knoblauch mischen. Mit weiterem Meersalz bestreuen und geschmolzene Butter und den restlichen Knoblauch daraufgeben. Eine angenehme warme Beilage für fast alle Gerichte.

Warmes Walnussdressing

auf Rucolablättern (Rauke). Ein oder zwei Spritzer Olivenöl in eine Kasserolle geben und eine Hand voll Walnüsse und ein paar Rosmarinblätter hinzufügen. Bei schwacher Hitze das Öl aromatisieren. Über die Rucolablätter geben und mit einem Spritzer Zitronensaft, frisch gemahlenem Pfeffer und Oliven anrichten. Sofort servieren, bevor der Rucola weich wird.

Salat von gebratenen Tomaten

Die Tomaten halbieren und mit der Schnittfläche nach oben in eine feuerfeste Form geben. Mit etwas Olivenöl beträufeln, mit Pfeffer bestreuen und im auf 200° vorgeheizten Backofen garen. Warm oder kalt mit einer Hand voll grob zerzupften Basilikumblättern, Balsamessig, Olivenöl, weiterem Pfeffer und Parmesanraspeln servieren.

Blattgemüse

mit Austernsauce ist eine einfache Beilage. Ein paar Esslöffel gehackten Ingwer in etwas Sesamöl sautieren. ¼ Tasse Austernsauce, ¼ Tasse chinesischen Kochwein oder trockenen Sherry, ¼ Tasse milde Sojasauce dazugeben und köcheln lassen. Mit braunem Zucker abschmecken. Etwas asiatisches Blattgemüse, wie Chinakohl, Choy Sum oder Gai Larn in kochendem Wasser 10–20 Sekunden blanchieren. Abgießen und auf einem Servierplatte anrichten. Mit der Sauce begießen und servieren.

Gebackene Kartoffeln

mit Salz und Rosmarin passen fast zu allem. Kleine neue Kartoffeln in der Schale waschen, abtrocknen und großzügig mit Meersalz, Olivenöl und Rosmarin mischen. Im heißen Backofen in einer feuerfesten Form goldbraun backen und dabei die Form einmal schütteln.

Bohnen mit Pinienkernbutter

sind eine perfekte Kombination. Ein paar Esslöffel gehackte Pinienkerne bei schwacher Hitze in einer Kasserolle in 80 g zerlassener Butter goldbraun anbraten, dann mit 2–3 El Zitronensaft ablöschen. Die Pinienkernbutter über gedünstete grüne Bohnen, Spinat, blanchierten Brokkoli etc. geben. Mit frisch gemahlenem schwarzem Pfeffer bestreuen und servieren.

Eisbergsalat

ist einfach zuzubereiten. Die äußeren Blätter von einem knackigen Salatkopf entfernen. Den Kopf längs halbieren, so dass Sie Salatschalen erhalten. Ein einfaches Dressing aus gleich viel Öl und Essig mit Senf, frischen Kräutern, Meersalz und Pfeffer mischen, über den Salat geben und servieren. Einen nicht so knackigen Salatkopf können Sie in einer großen Schüssel mit Eiswasser auffrischen.

Süßkartoffeln mit Sesam

Die geschälten langen Süßkartoffelschnitze mit einer Mischung von Pflanzen- und Sesamöl einpinseln. Mit Meersalz bestreuen und im vorgeheizten Backofen bei 200° goldbraun backen. Als heiße Beilage oder kalt mit Blattsalat und einem einfachen Dressing servieren.

Salat von gebratenen Tomaten

Blattgemüse mit Austernsauce

Gebackene Kartoffeln mit Salz und Rosmarin

Bohnen mit Pinienkernbutter

Eisbergsalat

Süßkartoffeln mit Sesam

Desserts

Eis mit Schokoladenstangen

Panna cotta

Echte heiße Schokolade

Desserts

Eis
mit Schokoladenstangen ist eine Köstlichkeit nicht nur für Kinder. Geben Sie einige Kugeln von Ihrem Lieblingseis in kleine Schüsseln. Servieren Sie dazu mit Schokolade überzogene Biskuitstangen als Löffel – da sie gern gegessen werden, auch einige als Reserve.

Panna cotta
lässt sich leicht in großen Mengen für viele Gäste zubereiten. 1 aufgeschnittene Vanilleschote, ¾ Tasse Puderzucker, 2 Tassen Sahne und 1 Tasse Milch in einer Kasserolle bei mittlerer Hitze fast bis zum Kochen bringen. 1 El Gelatine in 3 El kaltem Wasser einweichen. Die Gelatine unter die Sahnemischung rühren und alles 4 Minuten köcheln lassen. In Auflaufförmchen oder chinesische Teetassen gießen und 4–6 Stunden im Kühlschrank fest werden lassen. Im Sommer mit gemischten Beeren, im Winter mit Schnitzen von karamellisierter rosa Grapefruit servieren.

Echte heiße Schokolade
schmeckt am besten und ist einfach herzustellen. Gehackte Bitterschokolade in ein hohes Glas geben. Heiße Milch darüber gießen, bis das Glas fast voll ist. Umrühren, bis die Schokolade sich in der Milch auflöst. Zusätzlich Schokolade als Näscherei servieren – hmmm.

Reispudding
lässt sich in kleinen Schüsseln oder Auflaufförmchen rasch zubereiten. 1–2 El gekochten Reis in jede Schüssel geben, darüber eine Mischung aus 4 Eiern, ½ Tasse Zucker, 2½ Tassen Milch und 1 Tl Vanilleextrakt. Die Schüsseln auf ein Backblech setzen, das zur Hälfte mit heißem Wasser gefüllt ist. Die Puddingmasse mit Zimt oder frisch geriebener Muskatnuss bestreuen und im auf 160° vorgeheizten Backofen 20–25 Minuten im Wasserbad erstarren lassen. Warm oder kalt servieren.

Ein Schokoladenriegel
von köstlicher Kuvertüre zergeht Ihnen im Mund. Auf eine feste Platte oder ein Schneidbrett in die Mitte des Tisches legen. Mit einem Messer zum Zerlegen der Schokolade servieren. Dazu ein Glas Tokaier, Muscatellerlikör oder Portwein reichen.

Eissandwiches
lassen sich leicht aus süßen Kräckern oder mit Schokolade überzogenen Keksen und Ihrem Lieblingseis zubereiten. Das Eis zwischen die Kekse streichen und 5–10 Minuten einfrieren, bis es wieder fest ist.

Himbeerjoghurt
ergibt auch ein köstliches Eis. 1 kg dicken einfachen Joghurt, 300 g tiefgefrorene Himbeeren, ¼ Tasse Zitronen- oder Limonensaft und 1 Tasse Zucker in einer Eismaschine zu gefrorenem Himbeerjoghurt verarbeiten und mit knusprigen Waffeln servieren. Was nicht verzehrt wird, kommt in einem geschlossenen Metallbehälter in den Gefrierschrank.

Karamellbirnen
mit Pfannkuchen sind an einem kalten Nachmittag oder Abend ein Volltreffer. Pfannkuchen zubereiten (Rezept Seite 164). Einige Birnenscheiben in 60 g Butter und 3 El braunem Zucker weich dünsten. Die Birnen zwischen die Pfannkuchen schichten. 3 El braunen Zucker mit 1 Tasse Sahne in die Pfanne geben und zu einer dicken Karamellsauce einkochen. Über den Pfannkuchenstapel geben und servieren.

Quittengelee
auf Mürbchen, die Sie entweder selbst zubereiten oder bei Ihrem Bäcker kaufen. Die Mürbchen in ein Geschirrtuch gehüllt im Backofen aufwärmen. Mit Quittengelee oder hausgemachter Erdbeermarmelade bestreichen und mit Schlagsahne servieren.

Reispudding

Schokoladenriegel

Eissandwiches

Himbeerjoghurteis

Karamellbirnen

Quittengelee auf Mürbchen

Grund-
rezepte

Geröstete

Tomaten

Prosciutto + Salbei Sauce

Chillies + Auberginen

Basilikumsuppe

Geräte + Tipps

Pfeffermühle

Nehmen Sie z. B. eine hölzerne Mühle mit einer Einstellschraube für feines oder grobes Mahlen. Es lohnt sich, auf gute Qualität zu achten.

Pfanne

Nehmen Sie eine Pfanne mit einem massiven Boden. Eine Pfanne hat eine größere Oberfläche als ein Kochtopf, daher verdunsten Flüssigkeiten rasch, und Saucen werden schneller dicker und aromatischer.

Messbecher

Sie sind für das Abmessen von Flüssigkeiten genauso wichtig wie Tassen für feste Zutaten. Gut sind Glasbecher, da Sie sie zum Nachfüllen von Flüssigkeiten wie heißer Brühe in Risotto verwenden können. Kaufen Sie Becher, deren Maßeinteilung sich leicht ablesen lässt.

Reife Tomaten

Kaufen Sie zum Kochen reife oder überreife Tomaten, da sie süßer sind und mehr Aroma haben. Schälen Sie vor der Zubereitung der Sauce die Tomaten entweder mit einem scharfen Sparschäler oder Sie blanchieren die Tomaten kurz in kochendem Wasser.

Tomaten aus der Dose

Experimentieren Sie mit den erhältlichen Marken. Italienische Dosentomaten sind im Allgemeinen gut. Nehmen Sie lieber ganze Tomaten in dicker Sauce – gestückelte Tomaten sind oft etwas matschig.

Holzlöffel

Holzlöffel können Sie nie genug haben. Verwenden Sie für süße Gerichte andere Löffel als für pikante. Unansehnlich gewordene Löffel geben Sie in den Geschirrspüler oder legen Sie sie ein paar Stunden in eine Essiglösung ein. Ich habe auch gern verschiedene Größen.

Nützliche Tipps

• Je nach Jahreszeit oder Tomatensorte kann Ihre Sauce etwas scharf oder säuerlich sein. Das lässt sich leicht mit ein oder zwei Prisen Zucker beheben. • Die Grundsauce wird bei frischen Tomaten dünner und süßer, während Dosentomaten eine dickere Sauce ergeben. • Tomatensauce können Sie zum Pochieren von Huhn oder Fisch, für Gemüse oder in einer Lasagne, auf Pizzaböden oder zu heißer Pasta verwenden – einfach geriebenen Parmesankäse und frisch gemahlenen schwarzen Pfeffer darüber geben. • Zwiebeln und Knoblauch nicht anbräunen – das beeinträchtigt das zarte Aroma der Sauce. • Wenn Sie mit Wein kochen, denken Sie daran, dass sich ein minderwertiger Wein im Endprodukt bemerkbar macht. Es muss nicht der teuerste, aber ein guter Wein sein. • Heben Sie die gekochte Tomatensauce nicht im Topf auf, da die Säure in den Tomaten mit dem Metall reagieren kann. • Manche Menschen glauben, dass gekochte Tomatensamen bitter schmecken, und entfernen vorher alle Samen. Mich stören sie nicht, aber ich koche Tomatensaucen nur mit frischen Tomaten, wenn sie in der richtigen Jahreszeit süß und saftig sind.

Dosentomaten

Holzlöffel

Pfanne

essbecher

Reife Tomaten

Pfeffermühle

Klassische Tomatensauce

12 Tomaten oder 4 Dosen geschälte Tomaten à 440 g, leicht zerdrückt
1 El Öl
1 Knoblauchzehe, zerdrückt
2 kleine Zwiebeln, gehackt
1 Tasse Rotwein
2 El gehackte Oregano-, Basilikum- oder Majoranblätter
frisch gemahlener schwarzer Pfeffer und Meersalz

1 Frische Tomaten in einem Topf mit kochendem Wasser 1 Minute lang blanchieren. Abgießen, schälen und hacken, wobei Sie die Flüssigkeit aufheben. Bei Dosentomaten erübrigt sich dieser Schritt.

2 Das Öl in einer Pfanne bei mittlerer bis starker Hitze erwärmen. Knoblauch und Zwiebeln 4 Minuten darin sautieren.

3 Tomaten, Wein, Kräuter, Pfeffer und Salz hinzufügen und zum Kochen bringen.

4 Die Sauce 20 Minuten köcheln lassen, wenn Sie Dosentomaten verwenden – bei frischen Tomaten 35 Minuten.

Die Sauce lässt sich im Kühlschrank bis zu 3 Tage aufbewahren. Sie können sie auch portionsweise einfrieren. Sie hält sich dann 4–5 Monate.

Ca. 116 kcal/486 kJ
3 g E · 2 g F · 11 g KH

RÖSTTOMATENSAUCE Halbieren Sie frische Tomaten und legen Sie sie mit der Schnittfläche nach oben auf ein eingeöltes Backblech. Im auf 180° vorgeheizten Backofen 30 Minuten weich rösten. Verwenden Sie für die klassische Sauce diese Rösttomaten statt frischer oder Dosentomaten.
Ca. 24 kcal/100 kJ
1 g E · 0 g F · 4 g KH

TOMATENSAUCE MIT PROSCIUTTO UND SALBEI Folgen Sie dem Grundrezept für klassische Tomatensauce. Geben Sie in die Pfanne zu den gedünsteten Zwiebeln 6 Scheiben grob gehackten Prosciutto und 2 El gehackte Salbeiblätter. Mit zusätzlichen knusprig gegrillten Prosciuttostückchen servieren.
Ca. 97 kcal/407 kJ
8 g E · 3 g F · 8 g KH

TOMATEN-BASILIKUM-SUPPE Folgen Sie dem Grundrezept und geben Sie mit den Tomaten 2 Tassen Gemüsebrühe in die Pfanne. Köcheln lassen und statt der 2 Esslöffel ⅓ Tasse Basilikum unterrühren und in Suppenschalen mit Pfeffer und Parmesan servieren.

Ca. 110 kcal/460 kJ
5 g E · 6 g F · 10 g KH

CHILI- UND AUBERGINEN-TOMATENSAUCE Mit der Zwiebel und dem Knoblauch 2–3 in Ringe geschnittene rote Chillies (ohne Samen!) sautieren. Eine mittelgroße Aubergine in große Stücke schneiden und mit den Tomaten in die Pfanne geben. Weiter wie im klassischen Rezept.

Ca. 74 kcal/311 kJ
4 g E · 2 g F · 9 g KH

QTS.

Rinder

Geflügel

Brühe

Gemüse

Kalbs

Fisch

Geräte + Tipps

Sieb

Verwenden Sie ein feines Sieb, um grobe Teilchen und kleine Zutaten wie Pfefferkörner aus der Brühe zu entfernen. Das Sieb sollte zum Durchseihen sicher auf einem Topf oder einer großen Schüssel ruhen oder verhakt sein.

Schöpflöffel oder -kelle

Schöpfen Sie mit einem großen Metalllöffel die Unreinheiten von der Oberfläche der kochenden Brühe ab. Wiederholen Sie das, besonders bei Fleischbrühen, alle 10-15 Minuten beim ersten Kochvorgang. So beseitigen Sie das Fett und die Trübstoffe, die zur Oberfläche aufsteigen, und verhindern, dass sie wieder in die Brühe zurücksinken.

Suppentopf

Ein großer Suppentopf ist für die Zubereitung von Brühe unerlässlich. Suppentöpfe gibt es in unterschiedlichen Preislagen, je nach Qualität und Größe. Wenn Sie den Topf nur für Brühe verwenden, genügt ein preiswerter. Wollen Sie andere Dinge darin zubereiten, etwa eine große Kalbshachse, brauchen Sie einen Topf mit dickem Boden, an dem der Inhalt nicht anhaftet.

Kräuter + Gewürze

Kräuter wie Rosmarin, Thymian, Oregano und Majoran sind auch für Brühen gut. Sie können alle möglichen Gemüse und Kräuter kombinieren. Geben Sie Kräuter und Pfefferkörner in ein Musselinsäckchen – ein so genanntes Bouquet garni –, das sich leicht aus der Brühe entfernen lässt.

Gemüse

Für eine gute Brühe sollten Sie nur Gemüse von guter Qualität nehmen. Alte Gemüse geben nicht das gleiche Aroma wie frische ab. Verwenden Sie Gemüse nicht in ihrer besten Jahreszeit, müssen Sie für eine aromatische Brühe eine größere Menge nehmen. Lauch, Pilze, Pastinaken, Rübchen und Tomaten eignen sich hervorragend für Brühen.

Musselintuch

Legen Sie ein Sieb oder einen Durchschlag mit einem feinen Musselintuch aus, um die Brühe zu filtern und zu klären. Oder Sie verwenden ein feineres Sieb. Musselin gibt es in guten Küchengeschäften und in der Tuchabteilung von Warenhäusern.

Nützliche Tipps

• Lassen Sie die Brühe nur köcheln, nicht kochen, sonst bekommen Sie eine fettige und trübe Brühe. • Da das Kochen von Brühe aufwändig ist, bereiten Sie am besten große Mengen nach dem Grundrezept zu, so dass Sie das meiste in kleinen Portionen einfrieren können. Versehen Sie sie mit einem Datumsetikett. Eingefrorene Brühe hält sich bis zu einem Jahr, wenn sie fettfrei ist. • Manchmal ist es sinnvoll, die Brühe weitere 2–3 Stunden köcheln zu lassen. Sie können diese doppelte Kraftbrühe für einen konzentrierteren Geschmack verwenden oder in kleineren Mengen einfrieren und später mit Wasser strecken. • Fett lässt sich von der Oberfläche einer warmen Brühe mit einem Stück Küchenkrepp aufsaugen und entfernen. Lassen Sie die Brühe abkühlen, so dass das Fett an der Oberfläche aushärtet und leicht abzuheben ist. • Achten Sie beim Anbräunen von Fleisch und Gemüsen für die Brühe darauf, dass sie gut angebräunt sind, aber nicht anbrennen. Das verdirbt den Geschmack der Brühe. • Salz erst gegen Ende zufügen, sonst schmeckt die Brühe zu salzig, wenn das Wasser reduziert ist.

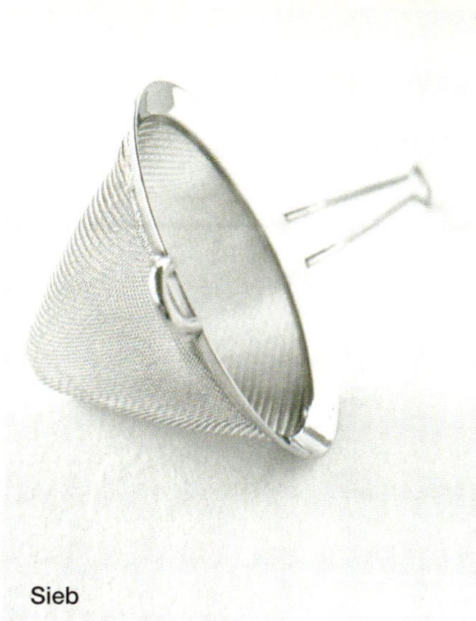

Sieb

Gemüse

Musselintuch

Kräuter + Gewürze

Suppentopf

Schöpflöffel

Geflügelbrühe

2 Suppenhühner à 1,5 kg
10 Liter Wasser
1 ½ Tassen trockener Weißwein
1 Zwiebel, gehackt
1 Möhre, gehackt
1 Stück Sellerie, gehackt
8 schwarze Pfefferkörner
4 Stängel Petersilie
2 Lorbeerblätter

1 Die Suppenhühner in Stücke zerteilen und mit dem Wasser im Suppentopf bei mittlerer Hitze zum Kochen bringen.

2 Wein, Zwiebel, Möhre, Sellerie, Pfefferkörner, Petersilie und Lorbeerblätter hinzufügen und das Ganze gleichmäßig köcheln lassen.

3 Die Oberfläche der Brühe gelegentlich abschöpfen, damit die Brühe klar bleibt.

4 Die Brühe 3 Stunden köcheln lassen. Durch ein feines oder mit Musselin ausgelegtes Sieb gießen, abkühlen lassen und von der Oberfläche alles ausgehärtete Fett entfernen. Ergibt 5–6 Liter.

Frisch zubereitete Brühe lässt sich zugedeckt im Kühlschrank 2–3 Tage aufbewahren. Danach muss sie erneut aufgekocht werden, dann hält sie sich noch einmal bis zu 2 Tagen. Man kann sie auch in kleinen Portionen einfrieren.

Ca. 303 kcal/1271 kJ
21 g E · 15 g F · 7 g KH

GEMÜSEBRÜHE Lassen Sie die Suppenhühner weg. Fügen Sie zum Grundrezept 2 gehackte Lauchstangen und 1 Tasse in Scheiben geschnittene Champignons hinzu. Folgen Sie dem Rezept für Geflügelbrühe. Für eine reichhaltigere und dunklere Gemüsebrühe bräunen sie die leicht eingeölten Gemüse zunächst 30 Minuten lang im auf 200° vorgeheizten Backofen.

Ca. 118 kcal/497 kJ
3 g E · 1 g F · 10 g KH

KALBSBRÜHE Geben Sie 3 kg gehackte Kalbsknochen auf ein Backblech und pinseln Sie sie mit Öl ein. 30 Minuten lang im auf 200° vorgeheizten Backofen anbraten und dann weitere 30 Minuten die Gemüse mitbraten. Folgen Sie dem Rezept für Geflügelbrühe, wobei Sie den Weißwein durch Rotwein ersetzen.

Ca. 965 kcal/4053 kJ
167 g E · 20 g F · 13 g KH

RINDERBRÜHE Geben Sie 3 kg gehackte Rinderknochen auf ein Backblech und pinseln Sie sie mit Öl ein. 30 Minuten lang im auf 200° vorgeheizten Backofen anbraten und dann weitere 30 Minuten die Gemüse mitbraten. Folgen Sie dem Rezept für Geflügelbrühe, wobei Sie den Weißwein durch Rotwein ersetzen.

Ca. 210 kcal/882 kJ
17 g E · 7 g F · 6 g KH

FISCHBRÜHE Verwenden Sie die Köpfe und Mittelgräten von drei kleinen nichtöligen Fischen wie Kabeljau. Folgen Sie dem Rezept für Geflügelbrühe und geben Sie alle anderen Zutaten dazu. Nur 20 Minuten köcheln lassen, sonst wird die Brühe sauer, und dann durch Musselin oder ein sehr feines Sieb seihen.

Ca. 238 kcal/1001 kJ
22 g E · 6 g F · 9 g KH

Tempura

Ausbackteig

Pfannkuchen Crêpes

Bier

Geräte + Tipps

Schüssel

Verwenden Sie eine hohe Schüssel, damit der Teig beim Schlagen in der Schüssel bleibt. Stellen Sie sie am besten auf ein feuchtes Geschirrtuch, so dass sie sich nicht auf der Anrichte herumbewegt, während Sie den Teig schlagen.

Schneebesen

Am besten ist ein Schneebesen aus Draht. Es gibt verschiedene Größen, legen Sie sich also einen kleinen und einen großen zu. Mit einem Schneebesen lassen sich Saucen glätten, und Eiweiß kann man langsam schlagen. Rasch und einfach können Sie damit Klumpen entfernen und Massen luftig rühren.

Mehlsieb

Damit können Sie alle Klumpen aus dem Mehl entfernen. So gelingt ihnen ein glatter Teig, wenn Sie das Mehl in die Flüssigkeit einrühren. Mehlsiebe gibt es mit einem Drehgriff oder einem Drückgriff. Praktisch sind auch ein Sieb und ein Löffel.

Schaumlöffel

Metallene Schaumlöffel eignen sich ideal zum Herausfischen von Gerichten aus heißem Öl und um sie abtropfen zu lassen, bevor man sie auf Küchenkrepp gibt. Nehmen Sie traditionelle Schaumlöffel mit Löchern oder probieren Sie einmal solche aus Bambus und mit Messingdraht in verschiedenen Formen und Größen, die es in Asia-Supermärkten und guten Küchengeschäften gibt.

Crêpepfanne

Diese mittelgroßen Pfannen haben flach geneigte Seiten und die ideale Größe. Sie sollten nichthaftend sein und brauchen daher nicht eingefettet zu werden. Sie können aber auch eine kleine, flache Pfanne verwenden.

Metallspatel

Mit einem Spatel oder Heber lassen sich Pfannkuchen und Crêpes leicht wenden – wenn Sie mutig sind, können Sie auch probieren, sie durch Hochwerfen in der Pfanne zu wenden. Ich bevorzuge Palettmesser mit Holzgriffen, während es die breiteren Heber wohl nur mit Metallgriffen gibt.

Kochthermometer

Achten Sie auf die richtige Öltemperatur (190°), damit der Ausbackteig knusprig frittiert wird. Sie sollten sich ein Kochthermometer zulegen, das sich am Rand Ihres Topfs einhängen lässt. Solche Thermometer sind auch nützlich für die Zubereitung von Zuckersirups, Marmeladen, Toffee und Karamell.

Nützliche Tipps

• Verarbeiten Sie Pfannkuchenteig gleich nach dem Mischen, sonst wirken die Treibmittel, während der Teig in der Schüssel ruht, und Ihre Pfannkuchen werden nicht so leicht und luftig, wie Sie es wünschen. • Trocknen Sie die Dinge, die Sie in Ausbackteig tauchen, damit er gut hält. Feuchte Lebensmittel wie Fische sollten Sie zuerst leicht in Mehl wenden. • Die Öltemperatur beim Frittieren ist sehr wichtig. Bei 190° schließen sich die Poren, und das Gericht wird knusprig und saugt sich nicht mit Öl voll. • Halten Sie frittierte Gerichte oder Pfannkuchen im Backofen warm. Bedecken Sie Pfannkuchen und Crêpes mit einem sauberen Tuch, damit sie nicht austrocknen. • Ausbackteig muss vor der Verwendung nicht ruhen. Lassen Sie ihn eine Zeit lang stehen, wird er vielleicht dick und sollte mit zusätzlicher Flüssigkeit auf eine brauchbare Konsistenz verdünnt werden. • Lassen Sie in Ausbackteig frittierte Gerichte vor dem Servieren auf Küchenkrepp abtropfen, um alles überschüssige Fett von der Oberfläche zu entfernen.

Metallheber + Palettmesser

Schüssel und Schneebesen

Schaumlöffel

Mehlsieb

Kochthermometer

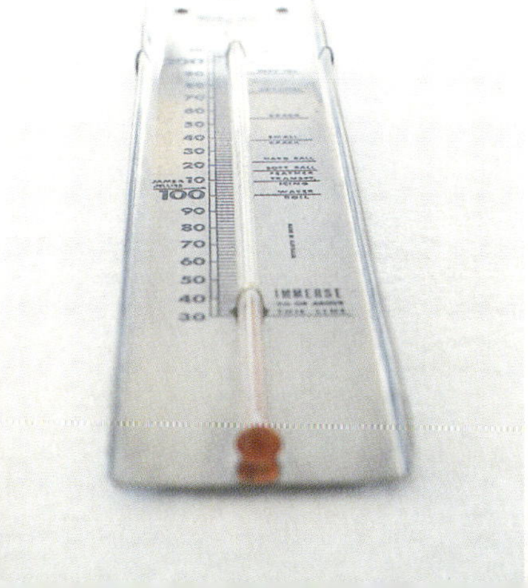

Crêpepfanne

Ausbackteig

2 Tassen Mehl
Meersalz
1 Ei
1 ½ Tassen Milch

1 Das Mehl in eine Schüssel sieben, salzen und in die Mitte eine Mulde drücken.

2 Das Ei in einer kleinen Schüssel leicht schlagen.

3 Ei und Milch in die Mulde im Mehl geben und alles schlagen, bis der Teig glatt ist. Wenn nötig, zusätzlich Milch hinzufügen, um die erwünschte Konsistenz des Teigs zu erzielen.

4 Überziehen Sie mit diesem Teig Lebensmittel wie Fische und Gemüse und frittieren Sie sie in heißem Öl braun und knusprig.

Wenn Ausbackteig steht, dickt er leicht an – geben Sie mehr Wasser oder Milch dazu, um die ursprüngliche Konsistenz wiederherzustellen. Ausbackteig ohne Treibmittel hält sich zugedeckt im Kühlschrank bis zu 2 Tagen. Ausbackteig mit Treibmitteln sollte kurz nach der Zubereitung verwendet werden, sonst verlieren die Treibmittel ihre Wirkung, und die Pfannkuchen werden nicht leicht und luftig.

Ca. 493 kcal/2069 kJ
18 g E · 8 g F · 86 g KH

PFANNKUCHENTEIG Geben Sie zum Grundrezept zusätzlich ein Ei, 75 g zerlassene Butter, 3 Tl Backpulver und ⅓ Tasse Zucker hinzu. Geben Sie einen Schöpflöffel der Mischung in eine nichthaftende Pfanne, bis sich Blasen bilden. Wenden und goldbraun backen

Ca. 738 kcal/3098 kJ
20 g E · 26 g F · 106 g KH*

BIERTEIG Ersetzen Sie die Milch durch 1½ Tassen kaltes Bier und rühren Sie den Teig glatt. Verwenden Sie diesen Teig für Fische und Fischfilets bei dem klassischen Gericht Fisch in Bierteig mit Bratkartoffeln. Einen aromatischen Teig erhalten Sie mit einem Premiumbier mit einem kräftigen Hopfengeschmack.

Ca. 500 kcal/2100 kJ
22 g E · 6 g F · 81 g KH

CRÊPETEIG Geben Sie zum Grundrezept 75 g zerlassene Butter und eine weitere Tasse Milch hinzu, um eine sahnige Konsistenz zu erhalten. Schwenken Sie einen Löffel Teig in einer kleinen, eingefetteten Crêpepfanne und braten Sie beide Seiten leicht goldfarben. Mit Zitrone und Zucker servieren.

Ca. 645 kcal/2709 kJ
18 g E · 24 g F · 89 g KH

TEMPURATEIG Ersetzen Sie das normale Mehl durch 2 Tassen feines weißes Reismehl und die Milch durch 1½ Tassen Eiswasser und mischen Sie einen dünnen Teig. Überziehen Sie damit Gemüse, Garnelen, Fisch- und Geflügelstreifen. Mit einer fertigen Dipsauce servieren.

Ca. 483 kcal/2027 kJ
25 g E · 4 g F · 86 g KH

Mürb-

teig

gesüßt mit

mit Parmesan Nuss

mit Pfeffer + Senf

Geräte + Tipps

Küchenmaschine

Mit ihr lässt sich Teig zwar schneller zubereiten, aber wenn Sie keine haben, können Sie die Butter auch mit den Fingern mit dem Mehl verkneten. Arbeiten Sie nur mit dem Pulsierschalter für kurze Knetstöße, damit das Mehl und die Butter nicht zu stark durchgeknetet werden.

Backgewichte

Um den Teig blind zu backen, brauchen Sie Backgewichte, ungekochten Reis oder getrocknete Bohnen. Backgewichte sind kleine Porzellan- oder Metallplättchen und wiederverwendbar. Nach Gebrauch einfach abkühlen lassen und in einem Behälter luftdicht verschließen. Den gleichen Zweck erfüllen getrocknete Bohnen oder Reis, die man viele Male wieder verwenden kann. Backgewichte verhindern die Blasenbildung beim Blindbacken und sorgen damit für eine dünne, gleichmäßige Kruste.

Kuchenformen

gibt es in allen möglichen Formen und Größen. Am einfachsten zu benutzen sind Formen mit einsetzbarem Boden. Sie können auch große Metallringe kaufen und auf irgendein Backblech als Form setzen. Nach Gebrauch sauber reiben und aufbewahren. Ein Schrubben mit Putzmitteln zerkratzt oft die Oberfläche und kann zu Rost führen.

Teigpinsel

eignen sich hervorragend zum Einpinseln von Pasteten oder Teigförmchen oder zum Glasieren und sind in vielen Größen erhältlich, mit synthetischen Borsten oder Naturhaaren.

Teigförmchen

zur Zubereitung von Törtchen und Plätzchen sollten eine scharfe Schnittkante haben, damit Sie beim Ausstechen saubere Teigränder erzielen.

Nudelhölzer

gibt es in verschiedenen Formen und Größen, mit oder ohne Griffe. Wählen Sie eines, das Sie praktisch finden und üben Sie beim Ausrollen einen gleichmäßigen Druck mit beiden Händen aus.

Mehlstreubüchse

Vor dem Ausrollen von Teig lässt sich damit die Arbeitsfläche leicht und gleichmäßig einmehlen. Ist der Teig etwas klebrig, streuen Sie etwas Mehl aus der Büchse darauf, damit er nicht am Nudelholz kleben bleibt. Kein Muss, aber ich mag sie.

Nützliche Tipps

• Wenn Sie Mehl und Butter in einer Küchenmaschine mischen, drücken Sie nur auf den Pulsknopf und kneten Sie nur so lange, bis sich große Krümel bilden. Fügen Sie dann das Eiswasser hinzu.
• Die Butter muss hart und kalt sein. Schneiden Sie sie vor Gebrauch in kleine Stücke. • Es genügt, den Teig rasch zu einer glatten Kugel zu kneten. • Vor dem Ausrollen bestreuen Sie die Arbeitsplatte mit etwas Mehl, damit der Teig nicht kleben bleibt. • Ziehen Sie den Teig nicht in der Backform auseinander. Rollen Sie ihn um das Nudelholz, heben Sie ihn hoch und entrollen Sie ihn wieder über der Backform. Geben Sie ihn behutsam in die Form, um ein Schrumpfen zu verhindern.
• Der Teig muss nach der Zubereitung im Kühlschrank ruhen, damit die eingearbeitete Butter kalt bleibt und ein Schrumpfen beim Backen verhindert wird. Mit Frischhaltefolie bedecken, damit er nicht austrocknet. • Blindbacken sorgt dafür, dass der Teig knusprig bleibt, wenn er für eine feuchte Füllung wie Vanillepudding oder Ähnliches verwendet wird. Verwenden Sie die blind gebackenen Teigförmchen nicht am selben Tag, bewahren Sie sie in einem luftdichten Behälter auf, so dass sie knusprig bleiben. • Damit der blind gebackene Teig bei einer feuchten Füllung nicht aufweicht, pinseln sie ihn noch warm mit etwas Eiweiß ein, das ihn gegen Feuchtigkeit versiegelt.

Ausstechförmchen

Kuchenformen

Teigpinsel

Mehlstreubüchse

Nudelhölzer

Backgewichte

Mürbteig

2 Tassen Mehl
125 g kalte Butter, in Stücke geschnitten
Eiswasser

1 Mehl und Butter in einer Küchenmaschine zu groben Stücken mischen. (Nicht zu stark kneten, sonst wird der Teig klebrig.)

2 Bei laufender Maschine so viel Eiswasser dazugeben, dass ein weicher Teig entsteht. Aus der Maschine nehmen und leicht kneten. In Frischhaltefolie wickeln und 30 Minuten im Kühlschrank lagern, damit der Teig beim Backen nicht schrumpft.

3 Den Teig auf einer leicht bemehlten Arbeitsfläche oder auf Backpapier 2–3 mm dick ausrollen. Die Form oder Förmchen mit Teig auslegen, ohne ihn dabei zu strecken. Den Teig in der Form 5 Minuten kühl stellen.

4 Den Teigboden und die Seiten mit einer Gabel einstechen. Mit einem Blatt Backpapier bedecken und die Form mit Backgewichten, getrockneten Bohnen oder Reis füllen. Im auf 190° vorgeheizten Backofen 5 Minuten backen. Gewichte und Papier entfernen und den Teig weitere 5 Minuten backen, bis er hell goldfarben ist.

Verwenden Sie den gebackenen Teig innerhalb von 3 Tagen, bewahren Sie ihn in einem luftdichten Behälter auf. Sie können ihn auch in Frischhaltefolie einwickeln und bis zu 3 Monate einfrieren. Vor dem Gebrauch sollten Sie ihn dann, zum Auftauen und damit er wieder knusprig wird, bei 180° 3–5 Minuten in den Backofen stellen. Sie können den ungebackenen Teig auch in der Form bis zu 3 Monate einfrieren. Nach dem Auftauen folgen Sie den obigen Anweisungen zum Blindbacken.

Ca. 603 kcal/2531 kJ
11 g E · 27 g F · 78 g KH

SÜSSER MÜRBTEIG Die einfachste Variante: Geben Sie zum Mehl vor dem Verarbeiten 3 El Zucker. Das ist Ihr Standardteig für alle süßen Kuchen und Törtchen und er lässt sich mit allem füllen – von Zitronenpudding bis Schokoladenbuttercreme.

Ca. 618 kcal/2594 kJ
11 g E · 27 g F · 82 g KH

NUSS-MÜRBTEIG Zum Mehl vor dem Verarbeiten ⅓ Tasse gemahlene Mandeln, Hasel- oder Walnüsse hinzufügen. Außerdem 2 El Zucker für eine süße Version. Probieren Sie pikante Füllungen mit kräftigem Käse. Die süße Version lässt sich praktisch mit allem füllen.

Ca. 705 kcal/2961 kJ
15 g E · 36 g F · 81 g KH

PARMESAN-MÜRBTEIG Zum Mehl vor dem Verarbeiten ⅓ Tasse geriebenen Parmesankäse hinzufügen. Verwenden Sie diesen Teig für pikante Kuchen und Törtchen, etwa einen mit frischem Ziegenquark oder Ricotta bestrichenen und mit gerösteten Tomaten und Olivenscheibchen oder Pesto belegten Kuchen.

Ca. 640 kcal/2688 kJ
14 g E · 30 g F · 78 g KH

PFEFFER- UND SENF-MÜRBTEIG Zum Mehl vor dem Verarbeiten 1 Tl frisch gemahlenen Pfeffer und 2 El Dijonsenf hinzufügen. Verwenden Sie diesen Teig für pikante Gemüse- und Käsefüllungen oder um einem Standardrezept wie einer Quiche (Kuchen mit Ei und Speck) einen besonderen Pfiff zu verleihen.

Ca. 608 kcal/2552 kJ
12 g E · 27 g F · 79 g KH

Oliven

Hefeteig

Rosinen + Zimt

Pizza

Calzone

Geräte + Tipps

Nudelhölzer

gibt es in allen möglichen Formen, Größen und Materialien wie Holz, Kunststoff, Marmor und Stahl. Nehmen Sie eines, das Ihnen am besten beim gleichmäßigen Ausrollen von Teig in der Hand liegt. Eines aus Holz muss nicht gewaschen werden, wischen Sie es einfach sauber und entfernen Sie Teigreste mit einem Teigschaber oder einem Messerrücken.

Knethaken

Beim Kauf einer Küchenmaschine sollten Sie darauf achten, dass sie auch einen Knethaken enthält. Er nimmt Ihnen die meiste schwere Arbeit bei der Zubereitung von Hefeteig ab. Ein einzelner Teighaken ist wirkungsvoller als zwei Haken bei einem einfachen Elektromixgerät. Sie können den Teig mit dem Teighaken auch verrühren und dann mit der Hand kneten – das spart Ihnen Zeit und Muskelkraft.

Samen

lassen sich vor dem Backen in den Teig kneten, um ihn zu würzen, oder über einen Teig streuen, der mit Öl, Wasser oder Ei eingepinselt ist. Probieren Sie Sesam, Leinsamen, Mohn, Sonnenblumen- und Kürbiskerne.

Mehl

Für einen Grundhefeteig können Sie verschiedene Mehlsorten verwenden – auch Soja-, Roggen-, Vollkorn- und Kichererbsenmehl. Solche schweren Mehlsorten mischen Sie am besten mit einfachem Mehl, damit der Teig nicht zu dicht ist.

Muskeln

Sie sollten fit sein, wenn Sie keinen Elektromixer mit einem Teighaken haben – aber auch schon für das normale Kneten und Ausrollen von Hefeteig.

Hefe

Ich bevorzuge die praktische Trockenhefe – das Verfallsdatum sollte aber noch nicht abgelaufen sein, sonst treibt sie nicht. Der erste Schritt beim Grundrezept ist ein guter Test, der zeigt, ob die Hefe lebt, da Blasen auf der Oberfläche dies signalisieren. Hefe braucht Wärme, Zucker und Feuchtigkeit, um zu wachsen. Zu viel Hitze, Zucker, Salz oder Fett kann die Hefe töten. Lebendige Hefe setzt kleine Kohlendioxidbläschen frei, die den Teig aufgehen lassen.

Nützliche Tipps

• Geben Sie zur Hefemischung nur lauwarmes Wasser. Heißeres Wasser kann die Hefe töten oder deaktivieren. • Hefe ist ein lebender Organismus, der Zucker als Nahrung braucht – aber zu viel Zucker kann die Hefe auch töten, ebenso Salz. • Zum Kneten falten Sie die Vorderseite des Teigs zur Mitte, drücken ihn zusammen und dann mit der Hand von sich weg. Geben Sie ihm mit der anderen Hand eine Vierteldrehung und wiederholen Sie den Vorgang, bis der Teig glatt und elastisch ist. • Der Teig ist fertig geknetet, wenn er beim Druck mit dem Daumen zurückfedert. • Aufgehende Hefe sollten Sie zugedeckt und fern von Zugluft warm halten – aber nicht zu heiß, sonst stirbt die Hefe. Die optimale Temperatur ist 27°. • Das gebackene Brot auf einem Drahtrost abkühlen lassen, damit es eine knusprige Kruste bekommt. • Hefeteig muss genügend geknetet werden, damit sich die Glutenstränge im Mehl entwickeln und elastisch werden. Wenn dann die Hefe ihr Kohlendioxid abgibt, wird der Teig beim Aufgehen luftig und er behält seine Form. • Geben Sie Zucker, Früchte, Gemüse und andere Aromaten nach dem ersten Aufgehen des Teigs dazu, damit die Hefe nicht zerstört wird.

Nudelholz

Samen

Teighaken

Trockenhefe

Mehlsorten

Backformen

Hefeteig

1 Tl Trockenhefe
1 Prise Zucker
⅔ Tasse lauwarmes Wasser
2 Tassen einfaches Mehl
½ Tl Meersalz
¼ Tasse Olivenöl

1 Hefe, Zucker und Wasser in einer Schüssel mischen. Die Mischung an einem warmen Ort stehen lassen, bis sich an der Oberfläche Blasen zeigen.

2 Mehl, Salz, Öl und Hefemischung in der Schüssel der Küchenmaschine mit dem Knethaken mixen, bis sich ein glatter Teig bildet.

3 Den Teig mit dem Haken 5 Minuten oder mit der Hand auf einer leicht bemehlten Fläche 25 Minuten kneten, bis er glatt und elastisch ist.

4 Den Teig in eine saubere, eingeölte Schüssel geben, mit einem feuchten, sauberen Geschirrtuch bedecken und an einem warmen Ort 20 Minuten stehen lassen oder bis er zu doppelter Größe aufgegangen ist. Den Teig leicht kneten, bevor Sie ihn formen und in eine Form geben. Zudecken und zu doppelter Größe aufgehen lassen. Im auf 200° vorgeheizten Backofen 25 Minuten backen, bis er goldbraun ist und beim Daraufklopfen hohl klingt.

Wenn Sie den Teig nach der Zubereitung nicht verwenden, wickeln Sie ihn fest in Frischhaltefolie ein und legen Sie ihn in den Gefrierschrank, um das Wachstum der Hefe zu stoppen. Lassen Sie den Teig vor dem Formen und Backen auftauen und kneten Sie ihn leicht. Vor dem Backen stets ein zweites Mal gehen lassen. Teig, aus dem ein Laib gebacken werden soll, kann in der Form eingefroren werden – vor dem Backen einfach auftauen und gehen lassen. Aromazusätze erst nach dem Auftauen und vor dem zweiten Aufgehen zugeben. Hefeteig lässt sich bis zu 3 Monate einfrieren.

Ca. 358 kcal/1502 kJ
7 g E · 16 g F · 46 g KH

CALZONE Teilen Sie aufgegangenen Teig in 4 Portionen. Rollen Sie sie auf einer bemehlten Fläche 1 cm dick aus. Belegen Sie jeweils eine Hälfte der Teigplatten mit Käse, gegrillten Gemüsen oder Fleisch, Pesto usw. Falten Sie die andere Teighälfte über die Füllung. Im auf 200° vorgeheizten Backofen 25 Minuten goldbraun backen.

Ca. 395 kcal/1659 kJ
10 g E · 17 g F · 50 g KH

PIZZABÖDEN Teilen Sie den aufgegangenen Teig in 4 gleich große Portionen und rollen Sie sie auf einer leicht bemehlten Fläche zur gewünschten Dicke aus. Belegen Sie sie und backen Sie sie im auf 200° vorgeheizten Backofen 15–20 Minuten, bis der Boden goldbraun und der Belag gar ist.

Ca. 423 kcal/1775 kJ
13 g E · 20 g F · 47 g KH

OLIVENBROT Rollen Sie den aufgegangenen Teig auf einer bemehlten Fläche 2 cm dick aus. Auf ein Backblech geben. Ein paar Oliven und Rosmarinnadeln hineindrücken. Mit Salz bestreuen und mit Olivenöl beträufeln. Mit einem feuchten Tuch bedecken und stehen lassen, bis er zur doppelten Größe aufgegangen ist. Im auf 200° vorgeheizten Ofen 20 Minuten backen.

Ca. 394 kcal/1649 kJ
8 g E · 18 g F · 48 g KH

ROSINEN- UND ZIMTBROT 1 Tasse Rosinen, 2 El Zucker und 2 Tl gemahlenen Zimt in den Teig kneten. Den Teig in eine kleine Brotform geben. Mit einem feuchten Tuch bedecken und stehen lassen, bis er zur doppelten Größe aufgegangen ist. Im auf 200° vorgeheizten Ofen 35 Minuten backen.

Ca. 528 kcal/2216 kJ
8 g E · 17 g F · 84 g KH

Glossar

Arborioreis
Dieser nach einem Dorf im Piemont benannte Kurzkornreis ist ideal für Risotto geeignet. Durch die Abgabe von Stärke beim Kochen entsteht ein cremig-herzhaftes Reisgericht. Weitere Risottoreissorten: Violone und Carnaroli.

Aufgehen
Vorgang, bei dem eine Hefemischung oder ein Hefeteig zugedeckt an einem warmen, zugfreien Ort steht und sein Volumen vergrößert.

Auflaufförmchen
Kleine, feuerfeste Porzellan- oder Keramikförmchen für Soufflés, Crème brûlées und andere in einzelnen Portionen servierte Gerichte.

Bambusdämpfgefäß
Ein asiatischer Bambusbehälter mit einem Deckel und einem Bambusrostboden. Der Dämpftopf wird mit dem Gericht auf einen Topf mit kochendem Wasser gestellt. Man kann auch einen Dämpftopf aus Metall verwenden. In Asia-Supermärkten und in den meisten Küchengeschäften erhältlich.

Blanchieren
Bei dieser Methode werden die Lebensmittel für wenige Sekunden in kochendes Wasser gegeben, wieder entfernt und in eiskaltem Wasser abgeschreckt, was den Kochprozess stoppt. Verstärkt Farbe und Geschmack, festigt Fruchtfleisch und löst Schalen.

Bocconcini
Frische italienische Mozzarellakugeln in einer Wasserlösung oder Lake. Traditionell aus Büffelmilch gefertigt, häufiger erhältlich aber aus Kuhmilch.

Capellini
Eine feine, dünne Pasta – daher der treffende Name »Engelshaar«. Lässt sich durch Spaghettini, Linguini und dünne Fettucine ersetzen. Frisch oder getrocknet, einfach oder gewürzt erhältlich.

Chiliöl
Öl mit der Schärfe und dem Geschmack von Chillies. Es hat oft eine rötliche Färbung. Verschiedene Marken mit unterschiedlicher Schärfe sind in Asia-Supermärkten und Feinkostläden erhältlich.

Chinesischer Kochwein
Ein Kochwein aus Reis, ähnelt trockenem Sherry. In Asia-Supermärkten oft als Shao hsing bezeichnet.

Chinesisches Fünf-Gewürze-Pulver
Eine Mischung aus den gleichen Anteilen Zimt, Anispfeffer, Sternanis, Nelke und Fenchel. In den meisten Supermärkten und Asia-Läden erhältlich.

Chinesisches Grillschweinefleisch
Im traditionellen chinesischen Stil gewürztes und gebratenes Schweinefleisch. In chinesischen Take-Aways und Lebensmittelläden erhältlich.

Ciabatta
Ein knuspriges, länglich-flaches Hefeweizenbrot aus Italien. Zunehmend wird es auch in unseren Bäckereien angeboten.

Crème fraîche
Eine Mischung aus saurer und frischer Sahne. Lässt sich auch durch die dickere saure Sahne ersetzen.

Eiertomaten
Auch Pflaumentomaten genannt. Diese ovalen Tomaten haben ein intensives Aroma und eignen sich vorzüglich zum Kochen.

Eingelegte Zitronen
Nach einem Rezept aus dem Nahen Osten werden ganze Zitronen in Salz und Zitronensaft eingelegt. Zum Kochen wird nur die eingelegte Schale verwendet.

Fischsauce
Klare, bernsteinfarbene Flüssigkeit, die aus gesalzenem, vergorenem Fisch gewonnen wird. Ein sehr wichtiges Gewürz in der Thai-Küche. In Asia-Supermärkten erhältlich.

Frische Reisnudeln
Frische Reisnudeln gibt es in verschiedenen Stärken und Längen in der Kühlabteilung von Asia-Supermärkten. Sie halten sich nur ein paar Tage im Kühlschrank. Lassen Sie sie 1 Minute in kochendem Wasser ziehen, trennen Sie sie behutsam mit einer Gabel und gießen Sie sie ab. Es gibt sie auch als Röllchen, die sich als Beilage dünsten oder füllen und dünsten lassen.

Glasnudeln
Glas- oder Cellophannudeln werden aus der Stärke von Mungbohnen hergestellt und als Vermicelli oder flache, breite Nudeln angeboten. In getrockneter Form sind sie schwer zu schneiden und zu trennen, kaufen Sie sie also möglichst in kleinen Mengen. Sie müssen 10 Minuten in kochendem Wasser eingeweicht und dann abgegossen werden. Sie können sie auch direkt aus der Verpackung frittieren.

Graved Lachs
Ein Lachsfilet, das in einer Mischung aus Pökelsalz, Zucker und Kräutern (meist Dill) eingelegt wird. Er ähnelt Räucherlachs, hat aber ein feineres Aroma. In manchen Supermärkten und in Feinkostläden erhältlich.

Halbgetrocknete Tomaten
Reife Tomaten, die nur halb getrocknet werden und daher noch weich und saftig sind. Oft in gewürztem Öl erhältlich in manchen Supermärkten und in Feinkostläden.

Haloumi
Feiner weißer Käse aus Schafsmilch. Er hat eine fasrige Konsistenz und wird meist in Lake verkauft. In Feinkostläden und manchen Supermärkten erhältlich.

Harissa
Eine scharfe Paste aus roten Chillies, Knoblauch, Gewürzen und Olivenöl. In Tuben oder Gläsern in Feinkostläden erhältlich.

Hoisinsauce
Eine dicke, süßliche chinesische Sauce aus vergorenen Sojabohnen, Zucker, Salz und rotem Reis. Als Dipsauce oder zum Glasieren verwenden – traditionell für Pekingente. In Asia-Supermärkten erhältlich.

Hokkien-Nudeln
Runde, gelbe Weizennudeln, die in der Kühlabteilung von Asia-Supermärkten erhältlich sind. In einer Schüssel mit kochendem Wasser übergießen und 1–2 Minuten ziehen lassen, dann abgießen.

Hommus
Eine Paste aus Kichererbsen, Tahin, Olivenöl, Knoblauch und Zitronensaft, in Nahostspezialitätenläden erhältlich. Als Aufstrich oder Dip verwenden.

Kaffir-Limonen
Die zarten Blätter werden gehackt oder zerzupft und wie der Saft dieser Limonen vorwiegend in der Thai-Küche verwendet. In Asia-Supermärkten erhältlich.

Kapern
Die Blütenknospen des Kapernstrauchs werden in einer Essiglösung oder Lake eingelegt.

Kerbel
Ein köstliches Gewürzkraut mit gefiederten Blättchen und einem zarten Anisgeschmack. Er verflüchtigt sich nach dem Hacken, fügen Sie Kerbel also erst kurz vor dem Servieren zum Gericht hinzu.

Laksapaste
Die Basis für eine reichhaltige asiatische Kokosmilchsuppe. Sie kann gemahlene Gewürze, Kräuter, Ingwer, Shrimppaste und Zitronengras enthalten. Die Suppe besteht aus einer gewürzten Kokosbrühe, Nudeln, Gemüsen wie Bohnensprossen, Minze und Koriander, Meeresfrüchten oder Hühnchen. In Asia-Supermärkten in verschiedenen Marken erhältlich.

Linguini
Lange, dünne Pasta mit geradem Querschnitt, flachen Spaghetti ähnelnd. Durch Spaghettini oder Fettucine zu ersetzen.

Mascarpone
Ein italienischer, dreifach cremiger Frischkäse mit einer ähnlichen Konsistenz wie Doppelrahm. In guten Feinkostläden und manchen Supermärkten erhältlich.

Miso
Eine dicke Paste aus vergorenen und verarbeiteten Sojabohnen. Rotes Miso ist eine Mischung aus Gerste und Sojabohnen, weißes oder gelbes Miso aus Reis und Sojabohnen.

Noriblätter
Getrockneter Seetang, in quadratische Blätter gepresst. Für Sushirollen, Suppen und andere japanische Gerichte verwenden. Trocken und luftdicht aufbewahren. In Asia-Supermärkten in Päckchen erhältlich.

Palmzucker
Der zu einem schweren, feuchten Zucker konzentrierte Saft der Palme. Wird in Blockform angeboten und sollte vor Gebrauch gerieben oder geraspelt werden. Vorwiegend in der Thai-Küche verwendet. Ich ziehe den dunkleren wegen seines stärkeren Karamellaromas vor. Durch braunen Zucker zu ersetzen.

Pancetta
Italienisches gerolltes Pökelfleisch, ähnlich dem Prosciutto, aber nicht so salzig oder hart. Lässt sich in dünnen Scheiben roh essen oder in Gerichten verwenden.

Pasta
3 Tassen Mehl
4 große Eier
2 Tl Salz

Das Mehl auf einer Arbeitsplatte aufhäufen. In der Mitte eine Vertiefung machen und die aufgeschlagenen Eier und das Salz hineingeben. Die Eier mit einer Gabel verrühren und nach und nach Mehl dazugeben, bis ein Teig entsteht. (Sie können dazu auch eine Küchenmaschine verwenden.) Den Teig auf einer leicht bemehlten Arbeitsfläche weich kneten, eventuell noch etwas Mehl zugeben, falls der Teig klebt. In vier Teile schneiden und durch eine Pastamaschine drehen oder mit dem Nudelholz zur gewünschte Stärke ausrollen. In Formen schneiden oder mit einem feuchten Tuch bedecken, falls Sie den Teig erst später verwenden. In genügend kochendem Wasser al dente kochen. Ungekochte Pasta lässt sich auch über einem Holzlöffel oder einem sauberen Besenstil 1-2 Stunden trocknen und in luftdichten Behältern aufbewahren.

Pekingente
Eine im traditionellen chinesischen Stil gewürzte und gebratene Ente. In chinesischen Take-Aways und Lebensmittelläden erhältlich.

Prosciutto
Ein gepökelter und luftgetrockneter italienischer Schinken. Wird papierdünn aufgeschnitten roh gegessen oder zum Kochen verwendet.

Quittenpaste
Eine dicke, wohlriechende Paste aus Quitten, Zucker und Zitronensaft. Wird oft zu Käse serviert. In guten Feinkostläden erhältlich.

Reispapierblätter
Feine, durchsichtige Blätter aus einer Paste aus Reis und Wasser. Vor Gebrauch mit warmem Wasser einpinseln oder in Wasser eintauchen, bis sie geschmeidig sind. In Asia-Supermärkten erhältlich.

Rote Currypaste
Eine scharfe Würzpaste aus gemahlenen roten Chillies, Kräutern und Gewürzen. In Flaschen in Asia-Supermärkten erhältlich.

Sashimi-Thunfisch
Feinster Thunfisch, im asiatischen oder japanischen Stil aufgeschnitten. Er ist sehr zart und wird roh in der japanischen Küche verwendet. In Asia-Supermärkten erhältlich.

Shiitakepilze
Diese Pilze mit ihren graubraunen Hüten und der cremefarbenen Unterseite haben ein kräftiges Aroma und sind in guten Obst- und Gemüseläden erhältlich.

Sternanis
Ein sternförmiges Gewürz mit einem süßen Anisaroma. Wird oft in der asiatischen und indischen Küche verwendet. Auch als Pulver in Asia-Supermärkten erhältlich.

Thai-Basilikum
Es gibt verschiedene, auch violette und süße Sorten, die sich alle in der Thai-Küche verwenden lassen. Durch alle Basilikumarten zu ersetzen.

Tortillas
Flache Maisbrotfladen zum Einwickeln von Gerichten oder als Brot zu essen. Beliebt sind auch Weizentortillas. Traditionell aus Mexiko und den südamerikanischen Ländern stammend. In unterschiedlichen Größen in Supermärkten erhältlich.

Udon-Nudeln
Weiße japanische Weizennudeln, die frisch (aus der Kühltruhe) oder getrocknet und in verschiedenen Stärken und Längen in Asia-Supermärkten erhältlich sind.

Vanilleschoten
Die eingelegten Schoten der Vanilleorchidee werden oft aufgeschnitten mitgekocht, damit sie ihr Aroma an Puddings oder Sahnedesserts abgeben. Erhältlich ist auch reiner Vanilleextrakt, eine dicke, dunkle, klebrige Flüssigkeit, die ein guter Ersatz für Vanilleschoten ist.

Vietnamesische Minze
Diese Pflanze, die eigentlich gar nicht der Minzefamilie angehört, hat lange, schmale, grüne Blätter mit violetten Einsprengseln und einen bitteren, scharfen Geschmack. In Asia-Supermärkten erhältlich.

Wasabi

Ein Gewürz aus der Wurzelknolle der japanischen Pflanze Wasabia japonica. Eine traditionelle Zutat zu Sushi und Sashimi, die so scharf und stechend wie Meerrettich schmeckt. Als Pulver oder fertige Paste in Asia-Supermärkten erhältlich.

Zitronengras

Ein langes, nach Zitrone duftendes Gras, vorwiegend in der Thai-Küche verwendet. Nur die zarten Wurzelenden verwenden. Fein gehackt oder in Stücken geben sie ihr Aroma ab und werden vor dem Servieren entfernt. In Asia-Supermärkten oder guten Obst- und Gemüseläden erhältlich.

Umrechnungstabelle

1 Tasse = 250 ml
1 Esslöffel (El) = 15 ml (3 Teelöffel)
1 Teelöffel (Tl) = 5 ml

UMRECHNUNG VON TASSENANGABEN
1 Tasse Basilikumblätter = 50 g
1 Tasse Blattspinat = 60 g
1 Tasse Couscous = 200 g
1 Tasse glatte Petersilie, ganz = 20 g
1 Tasse Kichererbsen = 220 g
1 Tasse Kokosfleisch, trocken = 90 g
1 Tasse Kokossahne = 250 g
1 Tasse Korianderblätter, ganz = 30 g
1 Tasse Linsen = 200 g
1 Tasse Mehl, weiß = 125 g
1 Tasse Oliven, entsteint = 155 g
1 Tasse Parmesankäse, fein gerieben = 100 g
1 Tasse Polenta = 150 g
1 Tasse Reis, ungekocht = 220 g
1 Tasse Rucolablätter (Rauke), grob gehackt = 45 g
1 Tasse Zucker (Raffinade) = 220 g

Rezept-verzeichnis